Let's Speak THAI

James Higbie

Orchid Press

James Higbie
Let's Speak Thai

ORCHID PRESS
P.O. Box 19,
Yuttitham Post Office,
Bangkok 10907, Thailand
www.orchidbooks.com

Copyright © Orchid Press 2004; second printing 2006.

Protected by copyright under the terms of the International Copyright Union: all rights reserved. No part of this publication may be reproduced in any form or by any means, electronic or mechanical, including photocopying, recording, or by any information storage or retrieval system without prior permission in writing from the copyright holder.

Printed in Thailand

ISBN 974-524-066-4

CONTENTS

Introduction	3
Pronunciation	5
Phrasebook:	
Greetings & Polite Phrases	13
Informal questions	14
Personal information	14
Can you speak Thai?	16
Numbers	17
Shopping	19
Bargaining	20
Buying clothing	20
Money/Exchange/Change	21
Hungry/Thirsty/Delicious	22
Drinks	22
Alcoholic drinks	23
Restaurant phrases	23
With/without	25
Spicy/not spicy	25
Condiments/spices	26
Vegetables	27
Meat	28
Fish/seafood	29
Thai food	29
Eggs	31
Rice	32
Noodles/fried rice	32
Western food	33
Vegetarian food	33

CONTENTS

Fruit	34
Buying food in the market	35
Traveling - Basic questions	36
Taxi	37
Driving instructions	37
Bus	38
Train	39
Airplane	39
Boat	40
Leaving/arriving	40
How long?/How far?	40
Hotel	41
Directions in town	42
Locating places	43
Telling time	44
Days of the week	46
Hours/days/weeks/years	46
When?	47
Names of months	48
Dates	48
Telephone	49
Emergencies	50
Medical	51
Taking medicine	52
Weather	53
Around Thailand	53
Religion	54
Phrases used in conversation	55
Phrases for learning Thai	59
Basic Grammar	61
English-Thai Dictionary	77

INTRODUCTION

Thai belongs to the Tai language family which includes languages spoken in Thailand, Laos, Myanmar, Vietnam and China. The language described in this book is Central Thai which is the official language of Thailand and the local language of Bangkok and nearby provinces. There are three other main Tai languages spoken in Thailand: Southern Thai, Northern Thai, and Lao, called *Isan* in Thailand. There are also other languages spoken in Thailand that are not related to Thai.

Central Thai is the language of government, the media, and education and is spoken throughout the country. People who speak other native languages learn to speak and read Central Thai in school and are often bilingual in Thai and their own language.

Thai, like many Asian languages, is tonal, has a fairly simple grammar, and is composed mainly of one-syllable words. Multi-syllable words in Thai usually concern government, academic subjects, or religion and came to the language through Sanskrit, the classical Indian language. New words for science and technology are still formulated from Sanskrit, and many words are borrowed from English.

The written form of Thai was also adapted from Sanskrit. It's read phonetically from left to right like

INTRODUCTION

English but has more letters than English, for example there are four different letters for "s". Spellings in Thai usually reflect the exact pronunciation of words, so learning to read can help your pronunciation.

Thai, like all languages, has degrees of correctness and formality, for example, "r" is often pronounced "l" informally. Vocabulary can also vary and there are formal and informal words for "eat", "drink", and many other words. As in English people tend to use high-level vocabulary and more complicated sentence structures in formal situations.

People in Thailand tend to be polite when speaking to each other. Polite words are included to show respect for the person you're talking to, even with close friends. Conversations in Thailand aren't overly formal, though. Even if you know only a few words you can have fun talking to Thai people who are always pleased to have someone try to speak their language.

In this book we've tried to include the important phrases for traveling and staying in Thailand, and the dictionary includes most of the common words used in conversational Thai. We hope that by using this book you can increase your knowledge and understanding of both the Thai language and people.

Special thanks to Snea Thinsan, Ekaraj Ragwanas, Pinanong Khoonukoon, Puangthong Wilkins, Benjawan Pornpattananikhom, Sujitra Samakkhan, Tom Riddle, Suchanya Stananon, Prawit Sujitra, Christopher J. Frape, Victor Titze.

Cover: Kongphat Luangrath

PRONUNCIATION

Tones & Vowel Length

Thai is a tonal language, so every word (or syllable) has one of five tones that is an integral part of its pronunciation. However, for beginners it's not that important to pronounce every tone correctly as people will usually understand what you're trying to say.

Another aspect of Thai pronunciation is vowel length. Every word (or syllable) has either a short vowel length with a quick, cut off pronunciation, or a long vowel length with the pronunciation more drawn out.

Following are the five tones each with two vowel lengths, written with the visual tone symbols used in this book. Short vowel-length words are marked with an asterisk. If there's no asterisk the vowel length is long.

mid tone - Use your normal speaking voice. There's no marker on the Romanized spelling. If the vowel length is short there's an asterisk.

mid-short	yång	ยัง	still/yet
mid-long	yang	ยาง	rubber

PRONUNCIATION

low tone - Lower than your normal voice. Words are underlined with an asterisk if the vowel length is short.

low-short	g<u>a</u>e*	แกะ	to undo
low-long	g<u>ae</u>	แก่	old

falling tone - Start high and go down to a mid sound. Words have a downward curving line over them.

falling-short	kao̯*	เข้า	to enter
falling-long	kao̯	ข้าว	rice

high tone - Higher than your normal voice. With a long vowel length the tone rises a little at the end. There's a straight line over the Romanized spelling.

high-short	mai*	มั้ย	interrogative
high-long	mai	ไม้	wood

rising tone - Start low and go up to a mid tone. The Romanized spelling has a line under it that curves up.

rising-short	l<u>ai</u>*	ไหล	to flow
rising-long	l<u>ai</u>	หลาย	many/a lot

6

PRONUNCIATION

Consonants

Same sound as in English - The following letters are pronounced as in English:

```
b  d  f  h  k  l  m  n  s  w
```

Different sound from English - These spellings are pronounced differently in this book than in English. Two sounds may be difficult: the hard "p" (2) which is a cross between "p" and "b", and the hard "t" (4) which is a cross between "t" and "d". Sample words given here have various tones and vowel lengths.

1. ph	Pronounced as "p" in English, not as "f". phaw พ่อ father Compare with the following sound:
2. p	Has a hard p/b sound. pai ไป to go
3. th	Pronounced as "t" in English, not as "th". Thai ไทย Thai Compare with the following sound:
4. t	Has a hard t/d sound as in "sixty". tai ตาย to die
5. g	Like "g" but a little harder – g/k. gai ไก่ chicken
6. j	Has a slightly harder sound than in English. jam จำ to remember

PRONUNCIATION

7. r	May be slightly rolled, or pronounced "l" colloquially.
	rong-raem โรงแรม hotel
8. ng	Used at both the beginning and end of words.
	ngoo งู snake

Vowels

Single vowel sounds - Be careful about the pronunciation of two vowel letters as used here. The first is the letter "a" which is pronounced "ah" as in "father", so the word for "house", *ban,* is pronounced "bahn", not as "ban" in English. Secondly the letter "o" is pronounced with an "oh" sound, so *rot* is "rote", *tho* is "toe", and *phop* is "pope".

9. a	as in "father"		
	ban	บ้าน	house
	tha	ถ้า	if
	an	อ่าน	to read
10. ay	*ay* as in "say" or *eh* as in "bet" (varies)		
	tay	เตะ	to kick
	phlayng	เพลง	song
11. ae	as in "cat"		
	mae	แม่	mother
12. e	as in "met"		
	phet	เผ็ด	hot/spicy
13. ee	as in "see"		
	dee	ดี	good

PRONUNCIATION

14. i	as in "bit"
	gin กิน to eat

15. ai	as in "Thai"
	kai ขาย to sell

16. aw	as in "saw" (British spelling is "or")
	chawp ชอบ to like
	phraw wa เพราะว่า because

17. o	as in "coat"
	rot รถ vehicle
	phop พบ to meet
	rong-rian โรงเรียน school

18. u	as in "up"
	fun ฟัน tooth

19. oo	as in "boot"
	moo หมู pork/pig

20. eu	vowel sound in "good" while smiling
	seu ซื้อ to buy
	leum ลืม to forget

21. euh	as in "love" or "above" ("er" in British)
	ngeuhn เงิน money
	yeuh เยอะ a lot

Vowel combinations - Here two or more vowel sounds are combined into one smooth sound.

22. ao	ah+oh, as in "how"
	kao ข้าว rice

PRONUNCIATION

23. oi	aw+ee		
	soi	ซอย	side street
24. oy	oh+ee, as in "Chloe"		
	kȧ-moy	ขโมย	to steal
25. eo	ay+oh, as in "mayo"		
	reo	เร็ว	fast
26. aeo	ae+oh		
	gaeo	แก้ว	glass/crystal
27. ia	ee+uh, as in "Mia"		
	sia⌋	เสีย	broken
	rian	เรียน	to study
28. io	ee+oh as in "Leo"		
	prio	เปรี้ยว	sour
29. iu	ee+oo, as in "mew"		
	phiu⌋	ผิว	skin
30. ua	oo+uh, as in "Kahlua"		
	hua⌋	หัว	head
	uan	อ้วน	fat
31. ui	oo+ee, as in "Louie"		
	kui	คุย	to converse
32. uay	oo+ay+ee (ends with a very short "ee")		
	suay⌋	สวย	beautiful
33. eua	eu+uh		
	gleua	เกลือ	salt
	pheuan	เพื่อน	friend

PRONUNCIATION

34. euy	euh+ee		
	neuy	เนย	butter
35.euay	eua+ay+ee (ends with short "ee" sound)		
	neuay	เหนื่อย	tired

Notes on Pronunciation

Formal/Informal - As with all languages there are differences between formal and colloquial Thai.

- "R" is often pronounced "l" colloquially. You may hear "hotel" pronounced *long-laem* instead of *rong-raem* and "vehicle" pronounced *lot* ("lote") instead of *rot* ("rote").

- When "r" or "l" is the second sound of a word it might be left out. *Krup* (polite word for men) is often pronounced *kup* and *pla* ("fish") is pronounced *pa*.

- In words like *sat-sa-na* ("religion") and *phan-ra-ya* ("wife") the final sound of the first syllable (here "t" and "n") may be omitted informally so they are pronounced *sa-sa-na* and *pha-ra-ya* (or *pha-la-ya* if "r" is changed to "l").

Spoken/written pronunciation - The pronunciation of words follows the spelling in Thai, but a few common words are pronounced differently from the way they are formally spelled. These include "I" for women (*chan*), he/she (*kao*) and the interogative word (*mai*). Some of these words have a "spoken spelling" that is used when conversations or interviews are written down.

PRONUNCIATION

Following are the two spellings and pronunciations of the interrogative word *mai*. In its formal, written form it has a rising tone and a long vowel length, but when spoken it has a high tone and short vowel length and these pronunciations are reflected in the two Thai spellings.

written:	maiǰ?	ไหม
spoken:	mai?	มั้ย

Romanization and tone markers - A Romanization system was devised for this book that could be typed on a standard keyboard and incorporate visual tone markers designed as a separate font and typed in on a computer. The system generally follows other systems used in Thailand except for two changes that were made to help learners of Thai have more correct pronunciation:

- The usual "k" was replaced with a "g" and the usual "kh" with a single "k". An example is "chicken" and "egg" which are here written *gai* and *kai* rather than the usual *kai* and *khai*.
- Words that have a "j" sound are spelled with "j" rather than the usual "ch". An example is "moon", usually spelled *chan* but here written *jan*.

PHRASEBOOK

Many phrases here end with *ka* (the polite word for women) or *krup* (the polite word for men). Women use *chan* for "I" while men use *phom*. Phrases are marked (f) if they have *chan/ka* and (m) if they have *phom/krup*.

Greetings & Polite Phrases

For women - With *ka* at the end.

Hello.	Sà-wàt-dee kà.	สวัสดีค่ะ
A: Thank you.	Kawp-koon kà.	ขอบคุณค่ะ
B: That's alright.	Mài pen rai, kà.	ไม่เป็นไรค่ะ
A: Excuse me.	Kawյ-thot, kà.	ขอโทษค่ะ
B: That's OK.	Mài pen rai, kà.	ไม่เป็นไรค่ะ
Goodbye. (polite)	Sà-wàt-dee kà.	สวัสดีค่ะ

For men - With *krup* at the end.

Hello.	Sà-wàt-dee krup.	สวัสดีครับ
A. Thank you.	Kawp-koon krup.	ขอบคุณครับ
B: That's alright.	Mài pen rai, krup.	ไม่เป็นไรครับ
A: Excuse me.	Kawյ-thot krup.	ขอโทษครับ
B: That's OK.	Mài pen rai, krup.	ไม่เป็นไรครับ
Goodbye. (polite)	Sà-wàt-dee krup.	สวัสดีครับ

PHRASEBOOK

Other ways to say goodbye and responses:

Goodbye. (informal)	Pai gawn, na.	ไปก่อนนะ
Farewell. (formal)	La gawn.	ลาก่อน
Good luck.	Chok dee.	โชคดี
See you again.	Laeo phop gan mai.	แล้วพบกันใหม่

Informal Questions

When friends run into each other they commonly ask where they're going, where they've been, and whether they've eaten or not. "How are you?/Are you well?" is used mostly with friends.

A: Where are you going?	Pai nai?	ไปไหน
B: I'm going out.	Pai thio.	ไปเที่ยว
A: Where have you been?	Pai nai ma?	ไปไหนมา
B: I've been to the market.	Pai ta-lat.	ไปตลาด
A: Have you eaten yet?	Gin kao reu yang?	กินข้าวรึยัง
B: Yes, I have.	Gin laeo.	กินแล้ว
No, not yet.	Yang.	ยัง
A: Are you well?	Sa-bai dee reu plao?	สบายดีรึเปล่า
B: Yes, I'm well.	Sa-bai dee.	สบายดี

Personal Information

A: What's your name?	Koon cheu̇ à-rài, kȧ/krup?	คุณชื่ออะไร คะ/ครับ
B: My name is Dam. (m)	Phom⌒ cheu̇ Dȧm.	ผมชื่อดำ
My name is Noi. (f)	Chan cheu̇ Noi.	ฉันชื่อน้อย

A: Where are you from?	Koon ma jak nai?	คุณมาจากไหน
B: I'm from Chiang Rai. (m)	Phom⌒ ma jak Chiang Rai.	ผมมาจากเชียงราย

A: What country are you from?	Koon ma jak prà-thet à-rài?	คุณมาจากประเทศอะไร
B: I'm from… (f)	Chan ma jak…	ฉันมาจาก
America.	À-may-ree-ga.	อเมริกา
Australia.	Aws-tray-lia.	ออสเตรเลีย
England.	Ȧng-grit.	อังกฤษ
France.	Fa-rang-set.	ฝรั่งเศส
Germany.	Yeuh-rà-mun.	เยอรมัน
Japan.	Yee-poon.	ญี่ปุ่น

A: What work do you do?	Koon tham-ngan à-rài?	คุณทำงานอะไร
B: I'm a teacher. (f)	Chan pen kroo.	ฉันเป็นครู

The word *faen* refers to any kind of spouse – husband, wife, girlfriend, or boyfriend. Ask "Do you have a *faen* yet?" Answer "Yes, already" or "No, not yet".

A: Do you have a girl/boyfriend?/ Are you married?	Koon mee faen reu yang?	คุณมีแฟน รึยัง
B: Yes.	Mee laeo.	มีแล้ว
No.	Yang mai mee.	ยังไม่มี
A: How old are you?	Koon a-yoo thao-rai?	คุณอายุ เท่าไหร่
B: I'm 30. (m)	Phom a-yoo sam-sip.	ผมอายุ สามสิบ

Can You Speak Thai?

Thai	pha-sa Thai	ภาษาไทย
English	pha-sa Ang-grit	ภาษาอังกฤษ
A: Can you speak English?	Koon phoot pha-sa Ang-grit dai mai?	คุณพูดภาษา อังกฤษ ได้มั้ย
Can you speak Thai?	Koon phoot pha-sa Thai dai mai?	คุณพูดภาษา ไทยได้มั้ย
B: Yes./No.	Dai./Mai dai.	ได้/ไม่ได้
Just a little.	Dai nit noi.	ได้นิดหน่อย
I speak a little Thai. (m)	Phom phoot pha-sa Thai dai nit noi.	ผมพูด ภาษาไทย ได้นิดหน่อย

A: Do you understand?	Kaȏ-jai maȋ?	เข้าใจมั้ย
B: Yes.	Kaȏ-jai.	เข้าใจ
No.	Maȋ kaȏ-jai.	ไม่เข้าใจ
I don't understand. (f)	Chan maȋ kaȏ-jai, kȧ.	ฉันไม่เข้าใจค่ะ

Numbers

If you know the numbers from one to ten you can say almost any number in Thai.

1	neung	หนึ่ง
2	sawng⌡	สอง
3	sam⌡	สาม
4	see	สี่
5	haȋ	ห้า
6	hȯk	หก
7	jėt	เจ็ด
8	paet	แปด
9	gaȏ	เก้า
10	sȯp	สิบ

For numbers in the teens put the unit number after ten (*sip*). An exception is eleven which is *sip-et*, not *sip-neung*.

11	sȯp-ċt	สิบเอ็ด
12	sȯp-sawng⌡	สิบสอง
13	sȯp-sam⌡	สิบสาม
14	sȯp-see	สิบสี่

15	sip-ha	สิบห้า
16	sip-hok	สิบหก
17	sip-jet	สิบเจ็ด
18	sip-paet	สิบแปด
19	sip-gao	สิบเก้า

Another exception is "twenty" which is *yee-sip*, not *sawng-sip*.

20	yee-sip	ยี่สิบ
21	yee-sip et	ยี่สิบเอ็ด
22	yee-sip sawng	ยี่สิบสอง
23	yee-sip sam	ยี่สิบสาม

30, 40, 50, and other two-digit numbers have the unit number before *sip*.

30	sam-sip	สามสิบ
40	see-sip	สี่สิบ
50	ha-sip	ห้าสิบ
60	hok-sip	หกสิบ
70	jet-sip	เจ็ดสิบ
80	paet-sip	แปดสิบ
90	gao-sip	เก้าสิบ

Examples with unit numbers.

25	yee-sip ha	ยี่สิบห้า
36	sam-sip hok	สามสิบหก
52	ha-sip sawng	ห้าสิบสอง
75	jet-sip ha	เจ็ดสิบห้า

Unlike English, Thai has individual words for "ten thousand" and "hundred thousand".

hundred	roi	ร้อย
thousand	phan	พัน
ten thousand	meun	หมื่น
hundred thousand	saenj	แสน
million	lan	ล้าน
billion	phan lan	พันล้าน

Examples in hundreds, thousands, etc.

500	ha roi	ห้าร้อย
1,500	neung phan ha roi	หนึ่งพันห้าร้อย, พันห้า
(shortened)	phan ha	
2,000	sawngj phan	สองพัน
10,000	neung meun	หนึ่งหมื่น
20,000	sawngj meun	สองหมื่น
35,000	samj meun ha phan	สามหมื่นห้าพัน, สามหมื่นห้า
(shortened)	samj meun ha	
400,000	see saenj	สี่แสน
5,000,000	ha lan	ห้าล้าน

Shopping

Be sure to include *ka* or *krup* with "how much" to be polite. When pointing to an object refer to it as *nee* ("this") or *un nee* ("this one").

How much? (f)	Thao-rai, ka?	เท่าไหร่คะ
How much? (m)	Thao-rai, krup?	เท่าไหร่ครับ
How much is this?	Nee thao-rai?	นี่เท่าไหร่

PHRASEBOOK

How much is this one?	Un nee thaỏ-rai?	อันนี้เท่าไหร่
A: How many do you want?	Aỏ gee un?	เอากี่อัน
B: I want one.	Aỏ neung un.	เอาหนึ่งอัน
I want two.	Aỏ sawng un.	เอาสองอัน
How much is it altogether?	Thang-mot thaỏ-rai?	ทั้งหมดเท่าไหร่

Bargaining

In Thailand you should bargain everywhere except in department stores. First ask for a reduction, then say a lower price with *dai mai?* ("Can you?"). The price should be lower if you buy more than one.

Can you reduce the price?	Lot haỉ noi, daỉ mai?	ลดให้หน่อย ได้มั้ย
Will you take 50 baht?	Ha-sip baht daỉ mai?	ห้าสิบบาท ได้มั้ย
How much is it for two?	Sawng un thaỏ-rai?	สองอัน เท่าไหร่

Buying Clothing

Use *tua* (the "classifier") to refer to pieces of clothing.

A: How much is this shirt?	Tua nee thaỏ-rai?	ตัวนี้ เท่าไหร่
B: This shirt is 200 baht.	Tua nee sawng roi baht.	ตัวนี้สอง ร้อยบาท

How Much — Toe Rye

PHRASEBOOK

May I try it on? (f)	Lawng sai dai mai, ka?	ลองใส่ได้มั้ยคะ
It fits.	Sai dai.	ใส่ได้
It's just right.	phaw dee	พอดี
It doesn't fit.	Sai mai dai.	ใส่ไม่ได้
It's too big.	Yai geuhn pai.	ใหญ่เกินไป
It's too small.	Lek geuhn pai.	เล็กเกินไป

Money/Exchange/Change

In Thai there are different words for changing money and change from a purchase.

money	ngeuhn	เงิน
exchange money	laek ngeuhn	แลกเงิน
May I exchange money?	Kaw laek ngeuhn dai mai.	ขอแลกเงินได้มั้ย
change from a purchase	ngeuhn thawn	เงินทอน
I haven't received my change.	Yang mai dai ngeuhn thawn.	ยังไม่ได้เงินทอน
I'd like to withdraw money.	Kaw thawnj ngeuhn noi.	ขอถอนเงินหน่อย
May I use this card?	Chai bat nee dai mai?	ใช้บัตรนี้ได้มั้ย
May I have a receipt?	Kawj bai-set noi.	ขอใบเสร็จหน่อย

Hungry/Thirsty/Delicious

A: Are you hungry?	Hiu-kao mai?	หิวข้าวมั้ย
B: Yes.	Hiu.	หิว
No.	Mai hiu.	ไม่หิว
I'm hungry. (m)	Phom hiu kao.	ผมหิวข้าว
A: Are you thirsty?	Hiu-nam mai?	หิวน้ำมั้ย
B: Yes.	Hiu.	หิว
No.	Mai hiu.	ไม่หิว
A: Is it delicious?	A-roi mai?	อร่อยมั้ย
B: Yes.	A-roi.	อร่อย
It's very delicious	A-roi mak.	อร่อยมาก

Drinks

Many of these phrases include *nam* which means "water" or "liquid". *Kun* means "squeezed" and *pun* is "blended".

blended banana	gluay pun	กล้วยปั่น
blended papaya	ma-la-gaw pun	มะละกอปั่น
blended pineapple	sap-pa-rot pun	สับประรดปั่น
coffee (hot)	ga-fae rawn	กาแฟร้อน
iced coffee	ga-fae yen	กาแฟเย็น
drinking water	nam plao	น้ำเปล่า
ice	nam kaeng	น้ำแข็ง
lemonade	nam ma-nao	น้ำมะนาว
milk	nom	นม
orange juice	nam som kun	น้ำส้มคั้น

orange soda	nam soḿ	น้ำส้ม
soda water	nam so-da	น้ำโซดา
tea	nam-cha	น้ำชา
Chinese tea	nam-cha jeen	น้ำชาจีน

Alcoholic Drinks

beer	bia	เบียร์
draft beer	bia sȯt ("sote")	เบียร์สด
liquor/whisky	laȯ	เหล้า
rice wine	laȯ kao	เหล้าขาว
wine	laȯ wai	เหล้าไวน์
fermented rice drink (yellow)	laȯ sa-tho	เหล้าสาโท

Restaurant Phrases

Paying - There are two phrases depending on whether the restaurant gives checks or not.

(if no check)	Gėp-tang duay. เก็บตังค์ด้วย
(if there's a check)	Chėk-bin duay. เช็คบิลด้วย

Ordering - Order by the number of containers – plates, bottles, etc. "I'd like" is *kaw* (rising tone). "One" (*neung*) can be put either before or after the container, while other numbers are put before only.

bottle	kuat	ขวด
large bottle	kuat yȧi	ขวดใหญ่

PHRASEBOOK

small bottle	kuat lek	ขวดเล็ก
bowl, large	cham	ชาม
cup/small bowl	thuay	ถ้วย
glass	gaeo	แก้ว
plate	jan	จาน
I'd like...	Kaw...	ขอ
one bottle of drinking water.	nam-plao kuat neung	น้ำเปล่า ขวดหนึ่ง
two glasses of water.	nam-plao sawng gaeo.	น้ำเปล่า สองแก้ว
one plate of fried rice with chicken.	kao-phat gai neung jan	ข้าวผัดไก่ หนึ่งจาน

Include *eeg* for "more".

I'd like one more bottle of beer.	Kaw bia eeg neung kuat.	ขอเบียร์ อีกหนึ่งขวด

Other phrases - "To go" is *sai thoong*, literally "put in a bag". *Nawng* refers to a younger person.

I'd like iced coffee to go.	Kaw ga-fae yen sai thoong.	ขอกาแฟเย็น ใส่ถุง
May I have a menu?	Kaw may-noo duay.	ขอเมนูด้วย
May I have a menu in English?	Kaw may-noo pha-sa Ang-grit.	ขอเมนูภาษา อังกฤษ
What do you have? (ask if there's no menu)	Mee a-rai bang?	มีอะไรบ้าง

24

Waiter/Waitress!	Nawng!	น้อง
I didn't order this.	Un nee mai dai sang	อันนี้ไม่ได้สั่ง
I'll pay./I'll treat. (m)	Phom liang ayng.	ผมเลี้ยงเอง
Keep the change.	Mai tawng thawn.	ไม่ต้องทอน
Where's the restroom?	Hawng-nam yoo thee-nai?	ห้องน้ำอยู่ที่ไหน

With/Without

with ("put")	sai	ใส่
without ("not put")	mai sai	ไม่ใส่
without MSG	mai sai phong choo rot ("rote")	ไม่ใส่ผงชูรส
without sugar	mai sai nam-tan	ไม่ใส่น้ำตาล
with milk	sai nom	ใส่นม
without meat	mai sai neua	ไม่ใส่เนื้อ
with eggs	sai kai	ใส่ไข่
without salt	mai sai gleua	ไม่ใส่เกลือ

Spicy/Not Spicy

chili pepper	phrik	พริก
hot/spicy	phet	เผ็ด
without chili	mai sai phrik	ไม่ใส่พริก
not hot at all	mai phet leuy	ไม่เผ็ดเลย
a little hot	mai phet, phet nit noi	ไม่เผ็ด เผ็ดนิดหน่อย

PHRASEBOOK

Condiments/Spices

basil	bai ho̱-ra̍-pha	ใบโหระพา
coconut milk	nam ga̍-thee	น้ำกะทิ
coriander leaf	pha̱k chee	ผักชี
curry paste	nam phrik	น้ำพริก
curry powder	pho̱ng̱ ga̍-ree	ผงกะหรี่
fermented fish	pla-ra,	ปลาร้า
	pla-da̱ek	ปลาแดก
fish sauce	nam pla	น้ำปลา
galangal	ka̱	ข่า
garlic	gra̍-thiam	กระเทียม
ginger	ki̱ng̱	ขิง
holy basil	ga̍-phrao	กะเพรา
kaffir lime leaf	bai ma̍-groot	ใบมะกรูด
lemon grass	ta̍-krai	ตะไคร้
mint	sa̱-ra̱ nae̱	สะระแหน่
MSG	pho̱ng̱ choo rot	ผงชูรส
onion	hawm̱ yai̍	หอมใหญ่
oyster sauce	nam-mun ho̱i̱	น้ำมันหอย
pepper, black	phrik Thai	พริกไทย
pepper, chili	phrik	พริก
small	phrik kee noo̱	พริกขี้หนู
in sauce	nam phrik	น้ำพริก
salt	gleua	เกลือ
shrimp paste	ga̍-pe̱e	กะปิ
soy sauce	see iu	ซีอิ๊ว
sugar	nam-tan	น้ำตาล

26

PHRASEBOOK

tamarind	ma-kam	มะขาม
vinegar	nam som (sai choo)	น้ำส้ม (สายชู)

Vegetables

vegetables	phak	ผัก

There are two common green leafy vegetables:

morning glory	phak boong	ผักบุ้ง
large/thick leaves	phak ka-na	ผักคะน้า
asparagus	naw-mai fa-rang	หน่อไม้ฝรั่ง
baby corn	kao-phot awn	ข้าวโพดอ่อน
bamboo shoots	naw-mai	หน่อไม้
banana flower	plee	ปลี
bean sprouts	thua ngawk	ถั่วงอก
beans (green)	thua fuk yao	ถั่วฝักยาว
bitter melon	ma-ra	มะระ
cabbage	ga-lum plee	กะหล่ำปลี
cashew nuts	met ma-muang	เม็ดมะม่วง
cassava/manioc	mun sam-pa-lang	มันสำปะหลัง
cauliflower	ga-lum dawk	กะหล่ำดอก
corn	kao-phot	ข้าวโพด
cucumber	taeng gwa	แตงกวา
eggplant (round)	ma-keua	มะเขือ
eggplant (long)	ma-keua yao	มะเขือยาว
lettuce	phak gat,	ผักกาด

27

PHRASEBOOK

	phak sa-lat	ผักสลัด
mushrooms	het	เห็ด
pea pods	thua lun tao	ถั่วลันเตา
peanuts	thua	ถั่ว
pepper, large	phrik awn	พริกอ่อน
potato	mun fa-rang	มันฝรั่ง
pumpkin	fuk thawng	ฟักทอง
seaweed	sa͜i-rai	สาหร่าย
sesame	nga	งา
squash	fuk	ฟัก
tofu	tao-hoo	เต้าหู้
tomato	ma-keua͜i-thet	มะเขือเทศ

Meat

meat	neua	เนื้อ
beef	neua, neua wua	เนื้อ, เนื้อวัว
chicken	gai	ไก่
duck	pet	เป็ด
eggs	kai	ไข่
frog	gop	กบ
goose	han	ห่าน
innards	kreuang nai	เครื่องใน
liver	tap	ตับ
meatballs	look chin	ลูกชิ้น
pickled pork	naem͜i	แหนม
pork	moo͜i	หมู

pork bologna	moo yaw	หมูยอ
pork spare-ribs	see krong moo	ซี่โครงหมู
sausage	sai grawk	ไส้กรอก
water buffalo meat	neua kwai	เนื้อควาย
wild boar	moo pa	หมูป่า

Fish/Seafood

fish	pla	ปลา
bass/perch type	pla gra-phong	ปลากระพง
catfish	pla dook	ปลาดุก
crab	poo	ปู
mackeral (small)	pla thoo	ปลาทู
serpent-head fish	pla chawn	ปลาช่อน
shellfish	hoi	หอย
shrimp	goong	กุ้ง
squid	pla meuk	ปลาหมึก
talapia	pla nin	ปลานิล

Thai Food

Thai food has a large variety of stir-fried vegetables with seafood or meat, and also curry, soup, and spicy salads. Put the kind of meat or fish where the line is.

fried (meat/fish)	___ thawt	ทอด
stir-fried	___ phat	ผัด
barbecued	___ yang	ย่าง
steamed	___ neung	นึ่ง

PHRASEBOOK

roasted	___ òp	อบ
sweet and sour	___ phàt prîo-wǎn	ผัดเปรี้ยวหวาน
fried three-flavor	___ thâwt sǎm rót	ทอดสามรส
fried w/ ginger	___ phàt kǐng	ผัดขิง
fried w/ holy basil	___ phàt gà-phrao	ผัดกะเพรา
fried w/ curry paste	___ phàt phèt	ผัดเผ็ด
fried w/ curry powder	___ phàt phǒng gà-rèe	ผัดผงกะหรี่
fried w/ garlic	___ thâwt grà-thiam	ทอดกระเทียม
fried w/ oyster sauce	___ phàt nám-mun hǒi	ผัดน้ำมันหอย
fried w/ peppers (large, not hot)	___ phàt phrík àwn	ผัดพริกอ่อน
tempura	___ chóop páeng thâwt	ชุบแป้งทอด
red curry	gaeng phèt ___	แกงเผ็ด
green curry	gaeng kǐo-wǎn ___	แกงเขียวหวาน
thick red curry	phà-naeng ___	พะแนง
Indian curry	gaeng mùt-sà-mùn ___	แกงมัสมั่น
spicy soup	tôm yam ___	ต้มยำ
coconut soup	tôm kà ___	ต้มข่า
bland soup	gaeng jèut ___	แกงจืด
spicy salad	yam ___	ยำ

spicy minced meat	lap ___	ลาบ
fried morning glory	phat phak boong	ผัดผักบุ้ง
("red fire")	(fai daeng)	ไฟแดง
fried mixed vege-	phat phak ruam	ผัดผักรวม
tables (with___)	mit (sai ___)	มิตร(ใส่)
pork satay	moo sa-tay	หมูสะเต๊ะ
grilled fish	pla phao	ปลาเผา
fish in coconut custard	haw mok	ห่อหมก
fried fish cakes	thawt mun	ทอดมัน
fried spring rolls	paw pia thawt	ปอเปี๊ยะทอด
sun-dried beef	neua daet dio	เนื้อแดดเดียว
vegetable salad	sa-lat phak	สลัดผัก
spicy papaya salad	som-tam	ส้มตำ
bamboo shoot soup	gaeng naw-mai	แกงหน่อไม้
vegetable salad	sa-lat phak	สลัดผัก

Eggs

fried eggs	kai dao	ไข่ดาว
omelet	kai jio	ไข่เจียว
omelet w/ pork/veg	kai yat-sai	ไข่ยัดไส้
boiled egg	kai tom	ไข่ต้ม
(Chinese style)	kai luak	ไข่ลวก
salted eggs	kai kem	ไข่เค็ม
100 year-old eggs	kai yio ma	ไข่เยี่ยวม้า

PHRASEBOOK

Rice

white rice	kaoˋ	ข้าว
steamed white rice	kaoˋ plao,	ข้าวเปล่า
	kaoˋ jaoˋ,	ข้าวจ้าว
	kaoˋ suayˏ	ข้าวสวย
sticky rice	kaoˋ nioˏ	ข้าวเหนียว
brown rice	kaoˋ glawngˊ	ข้าวกล้อง

Noodles/Fried Rice

Noodles are ordered either with soup (*nam*) or without (*haeng*). There are four common types of noodles.

noodles	guayˏ-tioˏ	ก๋วยเตี๋ยว
large/white	senˊ yaiˋ	เส้นใหญ่
small/white	senˊ lekˋ	เส้นเล็ก
very small/white	senˊ mee	เส้นหมี่
yellow	ba-mee	บะหมี่
large/white with chicken (soup)	senˊ yaiˋ nam, saiˋ gaiˋ	เส้นใหญ่น้ำ ใส่ไก่
very small/white with pork (dry)	senˊ mee haeng, saiˋ mooˏ	เส้นหมี่แห้ง ใส่หมู
fried rice (with___)	kaoˋ-phatˋ (saiˋ___)	ข้าวผัด (ใส่)
chicken with rice	kaoˋ munˋ gaiˋ	ข้าวมันไก่
rice with bbq pork	kaoˋ mooˏ daeng	ข้าวหมูแดง
Muslim chicken and rice	kaoˋ mokˋ gaiˋ	ข้าวหมกไก่

rice soup (with__)	kao̊ tom̀ (__)	ข้าวต้ม
fried noodles, Thai style	pha̍t Thai̊	ผัดไทย
fried noodles with soy sauce	pha̍t see-iu̇	ผัดซีอิ๊ว
fried wide noodles in gravy	rat̄ na̍̄ (pron. "raht")	ราดหน้า
crispy noodles	mee grawp	หมี่กรอบ
noodles/curry	ka̍-nom̀ jeen	ขนมจีน
rice noodles/curry	kao̊ soi	ข้าวซอย

Western Food

bread	ka̍-nom̀ pang̊	ขนมปัง
toast	ka̍-nom̀ pang̊ ping̊	ขนมปังปิ้ง
butter	neuy	เนย
cheese	neuy kaeng̀	เนยแข็ง
jam	yaem	แยม
ham	moo̱ haem	หมูแฮม
french fries	mun̊ fa̍-rang̱ thawt̄	มันฝรั่งทอด

Vegetarian Food

vegetarian food	a-haṉ jay	อาหารเจ
I'm a vegetarian. (m)	Phom̱ gin jay.	ผมกินเจ
vegetarian (formal)	mung-sa̱-wee-rat̄	มังสวิรัติ
without meat at all	mai̊ sa̱i neua leuy	ไม่ใส่เนื้อ เลย

PHRASEBOOK

with vegetables only	sai phak yang dio	ใส่ผักอย่างเดียว
Does this have meat in it?	Un nee sai neua reu plao?	อันนี้ใส่เนื้อรึเปล่า
fried mixed vegetables, no meat	phat phak ruam mit mai sai neua	ผัดผักรวมมิตรไม่ใส่เนื้อ

Fruit

fruit	phon-la-mai	ผลไม้
apple	aep-peuhn	แอปเปิ้ล
banana	gluay	กล้วย
coconut	ma-phrao	มะพร้าว
custard apple	noi na	น้อยหน่า
durian	thoo-rian	ทุเรียน
grapes	a-ngoon	องุ่น
guava	fa-rang	ฝรั่ง
jackfruit	ka-noon	ขนุน
lime	ma-nao	มะนาว
longan	lum-yai	ลำไย
lychee	lin-jee	ลิ้นจี่
mango	ma-muang	มะม่วง
mangosteen	mang-koot	มังคุด
melon (green)	taeng Thai	แตงไทย
olive	ma-gawk	มะกอก
orange	som chayng	ส้มเช้ง
papaya	ma-la-gaw	มะละกอ

pineapple	sàp-pà-rót	สับปะรด
pomegranate	thúp-thim	ทับทิม
pomelo	sôm oh	ส้มโอ
raisin	look gayt	ลูกเกด
rambutan	ngaw	เงาะ
rose apple	chom-phoo	ชมพู่
starfruit	ma-feuang	มะเฟือง
strawberry	sà-taw-beuh-ree	สตรอเบอรี่
sugar cane	oi	อ้อย
tamarind	ma-kam	มะขาม
tangerine	sôm	ส้ม
watermelon	taeng mo	แตงโม

Buying Food in the Market

Kilo is *gee-lo*, shortened to *lo*.

A: How much is a kilo? (f)	Lo thaô-rai, ká?	โลเท่าไหร่คะ
B: A kilo is 40 baht.	Lo lá see-sìp baht.	โลละสี่สิบบาท
A: I'd like one kilo.	Ao gee-lo neung.	เอากิโลหนึ่ง
I'd like two kilos.	Ao sawng gee-lo.	เอาสองกิโล

Use *look* to refer to single pieces of fruit.

How much is one piece?	Look la thaô-rai?	ลูกละเท่าไหร่
How much is this piece?	Look nee thaô-rai?	ลูกนี้เท่าไหร่
I'd like this piece.	Ao look nee.	เอาลูกนี้

PHRASEBOOK

Traveling - Basic Questions

These questions are in their simplest form without pronouns or *ka/krup* at the end. Include *ja* before the verb for the future.

A: Where are you traveling to?	Ja̔ pa̓i thio̒ thee-na̔ij?	จะไปเที่ยว ที่ไหน
B: I'm traveling to Ko Tao.	Pa̓i thio̒ Ga̓w Ta̔o.	ไปเที่ยว เกาะเต่า
A: What day are you going?	Pa̓i wa̓n na̔ij?	ไปวันไหน
B: I'm going on Monday.	Pa̓i wa̓n Ja̓n.	ไปวันจันทร์
A: How many days are you going for?	Pa̓i gee wa̓n?	ไปกี่วัน
B: I'm going for four days.	Pa̓i see wa̓n.	ไปสี่วัน
A: How many people are going? (altogether)	Pa̓i gee ko̓n?	ไปกี่คน
B: Three people are going.	Pa̓i samj ko̓n.	ไปสามคน
A: Who are you going with?	Pa̓i ga̓p kra̓i?	ไปกับใคร
B: I'm going with a friend/friends.	Pa̓i ga̓p pheuan̒.	ไปกับเพื่อน
I'm going alone.	Pa̓i ko̓n dio.	ไปคนเดียว

36

A: How are you going?	Pai yang-ngai?	ไปยังไง
B: We're flying.	Pai kreuang-bin.	ไปเครื่องบิน
by air-con bus	Pai rot-thua.	ไปรถทัวร์
by train	Pai rot-fai.	ไปรถไฟ
We're driving.	Kap rot pai.	ขับรถไป

Taxi

taxi	thaek-see	แท็กซี่
samlor	sam-law	สามล้อ
pick-up with seats	sawng-thaeo	สองแถว
A: How much is it to Silom?	Pai See-lom thao-rai (ka/krup)?	ไปสีลมเท่าไหร่ (คะ/ครับ)
B: 100 baht. (m)	Roi baht, krup.	ร้อยบาทครับ
A: Will you take 80 baht?	Paet-sip dai mai?	แปดสิบได้ไหม
B: Yes.	Dai, krup.	ได้ครับ

Driving Instructions

Please go to Siam Center.	Pai Sa-yam (ka/krup).	ไปสยาม (ค่ะ/ครับ)
Could you drive slowly.	Kap cha-cha noi, dai mai?	ขับช้า ๆ หน่อย ได้ไหม
Go in this side street.	Kao soi nee leuy.	เข้าซอยนี้เลย
Go a little further.	Pai eeg noi.	ไปอีกหน่อย

PHRASEBOOK

Stop/Park here.	Jawt thee-nee.	จอดที่นี่
I'll get out here.	Ja long trong-nee.	จะลงตรงนี้
There's a traffic jam.	Rot tit.	รถติด
Please put in some gas.	Teuhm nam-mun noi.	เติมน้ำมันหน่อย
Full.	Tem.	เต็ม
The tire is flat.	Yang baen.	ยางแบน
Please put in air.	Teuhm lom noi.	เติมลมหน่อย

Bus

bus	rot-may	รถเมล์
regular bus	rot tham-ma-da	รถธรรมดา
air-conditioned bus	rot thua, rot prap a-gat	รถทัวร์ รถปรับอากาศ
bus station (3 ways to say)	sa-tha,-nee rot may, kiu rot, ("bus queue") baw-kaw,-saw,	สถานี รถเมล์ คิวรถ บ.ข.ส.
ticket/classifier	tua, / bai	ตั๋ว/ใบ
one-way	thio dio	เที่ยวเดียว
round trip	pai glap	ไปกลับ
bus schedule	ta-rang rot	ตารางรถ
A: Is there a bus to Sukothai?	Mee rot pai Soo-ko,-thai mai?	มีรถไปสุโขทัยไหม
B: Yes.	Mee.	มี

PHRASEBOOK

A: Where's the bus to Bangkok?	Rot pai Groong-thayp yoo thee-nai (ka/krup)?	รถไปกรุงเทพฯอยู่ที่ไหน(คะ/ครับ)
B: It's over there.	Yoo thee-nan.	อยู่ที่นั้น

To refer to vehicles use the classifier *kun*.

A: Which bus?	Kun nai?	คันไหน
B: This one.	Kun nee.	คันนี้
That one.	Kun nan.	คันนั้น

Train

train	rot-fai	รถไฟ
train station	sa-tha-nee rot-fai	สถานีรถไฟ
first class	chan neung	ชั้นหนึ่ง
second class	chan sawng	ชั้นสอง
third class	chan sam	ชั้นสาม
sleeper	too nawn	ตู้นอน
What time is the train to Surat Thani?	Rot-fai pai Soo-rat Tha-nee gee mong?	รถไฟไปสุราษฎร์ธานีกี่โมง

Airplane

airplane	kreuang bin	เครื่องบิน
airport	sa-nam bin	สนามบิน
What time should I be at the airport?	Tawng pai sa-nam bin gee mong dee?	ต้องไปสนามบินกี่โมงดี

Boat

boat/classifier	reua / lum	เรือ/ลำ
pier	tha reua	ท่าเรือ
Is there a boat to Ko Lanta?	Mee reua pai Gaw Lan-ta mai?	มีเรือไปเกาะลันตามั้ย
That boat goes to Ko Lanta.	Lum nan pai Gaw Lan-ta.	ลำนั้นไปเกาะลันตา

Leaving/Arriving

A: What time does the bus leave?	Rot awk gee mong?	รถออกกี่โมง
B: It leaves at 8 am.	Rot awk paet mong chao.	รถออกแปดโมงเช้า
There's a bus every hour.	Mee rot awk thook chua-mong.	มีรถออกทุกชั่วโมง
A: What time will we arrive?	Pai theung gee mong?	ไปถึงกี่โมง
B: We'll arrive at 6 pm.	Pai theung tawn hok mong yen.	ไปถึงตอนหกโมงเย็น

How long?/How Far?

"How long" is literally "use-time-how much?"

A: How long does it take to get to Pattaya?	Pai Phat-tha-ya chai way-la thao-rai?	ไปพัทยาใช้เวลาเท่าไร

B: It takes about two hours.	Chai way-la pra-man sawng) chua-mong.	ใช้เวลา ประมาณ สองชั่วโมง

"How far" in Thai is "How many kilometers". Include *eeg* for "how much further".

A: How far is it to Chiang Rai?	Pai Chiang Rai gee gee-lo?	ไปเชียงราย กี่กิโล
B: It's around 50 kilometers.	Pra-man ha-sip gee-lo.	ประมาณ ห้าสิบกิโล
A: How much further is it?	Pai eeg gee gee-lo?	ไปอีกกี่กิโล
B: 20 more kilo- kilometers.	Eeg yee-sip gee-lo.	อีกยี่สิบกิโล

Hotel

hotel	rong-raem	โรงแรม
Do you have rooms? (m)	Mee hawng mai, krup?	มีห้องไหม ครับ
single bed (means "paired beds")	tiang koo	เตียงคู่
double bed (means "one bed")	tiang dio	เตียงเดี่ยว
A: How many nights are you staying?	Yoo gee keun?	อยู่กี่คืน
B: I'm staying two nights.	Yoo sawng) keun.	อยู่สองคืน

PHRASEBOOK

May I have the key?	Kaw̖ goon-jae duay.	ขอกุญแจด้วย
What's your room number? (f)	Hawng beuh a-rai, ka?	ห้องเบอร์อะไรคะ
Please clean the room.	Chuay tham kwam sa-at noi.	ช่วยทำความสะอาดหน่อย
You don't have to clean the room.	Mai tawng tham kwam sa-at, na.	ไม่ต้องทำความสะอาดนะ
May I have a towel?	Kaw̖ pha-chet-tua dai mai?	ขอผ้าเช็ดตัวได้มั้ย

Directions in Town

When asking someone for directions be sure to include *ka* or *krup* to be polite.

Where's the ___ ?	___ yoo thee-nai ka/krup?	อยู่ที่ไหน คะ/ครับ
hospital	rong-pha-ya-ban	โรงพยาบาล
market	ta-lat	ตลาด
bus station	sa-tha̖-nee rot may	สถานีรถเมลล์
It's here.	Yoo thee-nee.	อยู่ที่นี่
It's over there.	Yoo thee-nan̂.	อยู่ที่นั่น
It's way over there.	Yoo thee-noon.	อยู่ที่โน่น
go straight	trong pai	ตรงไป
turn right	lio kwa̖	เลี้ยวขวา
turn left	lio sai	เลี้ยวซ้าย

PHRASEBOOK

A: Which way should I go?	Pai thang nai?	ไปทางไหน
B: Go this way.	Pai thang nee.	ไปทางนี้
A: What street is it on?	Yoo tha-non a-rai?	อยู่ถนนอะไร
B: It's on Wireless road.	Yoo tha-non Wit-tha-yoo.	อยู่ถนนวิทยุ
A: Which side is it on?	Yoo kang nai?	อยู่ข้างไหน
B: It's on the right.	Yoo kang kwa.	อยู่ข้างขวา
It's on the left.	Yoo kang sai.	อยู่ข้างซ้าย

Locating Places

across from	trong kam	ตรงข้าม
around here	thaeo nee	แถวนี้
before a place	gawn theung	ก่อนถึง
behind	kang lang	ข้างหลัง
between...and...	ra-wang...gap...	ระหว่าง...กับ
in front of/facing	kang na	ข้างหน้า
near to	glai, glai-glai	ใกล้, ใกล้ๆ
next to	kang-kang, tit gap	ข้างๆ ติดกับ
past/beyond a place	leuy	เลย
The bank is next to the hotel.	Tha-na-kan yoo kang-kang rong-raem.	ธนาคารอยู่ข้างๆ โรงแรม

PHRASEBOOK

Telling Time

The system for telling time in Thailand is complicated. The day is divided into four 6-hour periods beginning at 7 am, 1 pm, 7 pm, and 1 am, and each period has its own word for "o'clock". Some clock times can be expressed in two ways, for example, 8 am is called both "eight" and "two", 9 am is both "nine" and "three", etc. Officially there's a 24-hour clock with the word *na-lee-ga* for "o'clock" which is used mostly on the radio. Following are the phrases used for each hour of the day:

6 am	hok mong chao	หกโมงเช้า
7 am	jet mong chao	เจ็ดโมงเช้า
8 am	paet mong chao,	แปดโมงเช้า
	sawngj mong chao	สองโมงเช้า
9 am	gao mong chao,	เก้าโมงเช้า
	samj mong chao	สามโมงเช้า
10 am	sip mong chao,	สิบโมงเช้า
	see mong chao	สี่โมงเช้า
11 am	sip-et mong chao,	สิบเอ็ดโมงเช้า
	ha mong chao	ห้าโมงเช้า
noon	thiang	เที่ยง
1 pm	bai mong	บ่ายโมง
2 pm	bai sawngj	บ่ายสอง
3 pm	bai samj	บ่ายสาม
4 pm	bai see	บ่ายสี่
5 pm	ha mong yen	ห้าโมงเย็น
6 pm	hok mong yen	หกโมงเย็น
7 pm	neung thoom	หนึ่งทุ่ม

8 pm	sawng, thoom	สองทุ่ม
9 pm	sam, thoom	สามทุ่ม
10 pm	see thoom	สี่ทุ่ม
11 pm	ha thoom	ห้าทุ่ม
midnight	thiang keun	เที่ยงคืน
1 am	tee neung	ตีหนึ่ง
2 am	tee sawng,	ตีสอง
3 am	tee sam,	ตีสาม
4 am	tee see	ตีสี่
5 am	tee ha	ตีห้า

To state the time say the above phrase, adding the number of minutes followed by *na-thee*, or with *kreung* for "half past". *Chao* and *yen* may be omitted when minutes are included if the time of day is understood in context.

What time is it?	Gee mong?	กี่โมง
	Gee mong laeo?	กี่โมงแล้ว
It's 10 o'clock.	sip mong	สิบโมง
It's 10:30.	sip mong kreung	สิบโมงครึ่ง
It's 7:15 pm.	neung thoom	หนึ่งทุ่ม
	sip-ha na-thee	สิบห้านาที

Tawn is put before clock times in sentences.

| A: What time are you going? | Pai gee mong? | ไปกี่โมง |
| B: I'm going at 8 am. | Pai tawn paet mong chao. | ไปตอน แปดโมงเช้า |

PHRASEBOOK

Days of the Week

Monday	wan Jan	วันจันทร์
Tuesday	wan Ang-kan	วันอังคาร
Wednesday	wan Phoot	วันพุธ
Thursday	wan Pha-reu-hat	วันพฤหัสบดี
Friday	wan Sook	วันศุกร์
Saturday	wan Sao	วันเสาร์
Sunday	wan A-thit	วันอาทิตย์

Hours/Days/Weeks/Years

minute	na-thee	นาที
hour	chua-mong	ชั่วโมง
day	wan	วัน
week	a-thit	อาทิตย์
month	deuan	เดือน
year	pee	ปี

Use *nee* for "this", *na* for "next" and *thee laeo* for "last".

today	wan-nee	วันนี้
tomorrow	phroong-nee	พรุ่งนี้
yesterday	meua-wan-nee	เมื่อวานนี้
this Monday	wan Jan nee	วันจันทร์นี้
next Monday	wan Jan na	วันจันทร์หน้า
last Monday	wan Jan thee laeo	วันจันทร์ที่แล้ว
this week	a-thit nee	อาทิตย์นี้

next month	deuan na̅	เดือนหน้า
last week	a-thit thee̅ laeo	อาทิตย์ที่แล้ว
last year	pee thee̅ laeo	ปีที่แล้ว

Use *eeg* in future phrases like "in ten minutes", and *thee laeo* in past phrases for "ago".

in ten minutes	eeg sip na-thee	อีกสิบนาที
in three days	eeg samj wan	อีกสามวัน
five days ago	ha̅ wan thee̅ laeo	ห้าวันที่แล้ว
three months ago	samj deuan thee̅ laeo	สามเดือนที่แล้ว

When?

"When" is generally put at the end of questions. An exception is with the future where it may also be put at the beginning with *ja* included after the subject.

when	meua-rai̅	เมื่อไหร่
what day	wan naij	วันไหน
A: When are you going?	Koon ja pai meua-rai̅?	คุณจะไปเมื่อไหร่
B: I'm going on on Tuesday. (m)	Phomj ja pai wan Ang-kan.	ผมจะไปวันอังคาร
A: When are you coming back?	Meua-rai̅ koon ja glap ma?	เมื่อไหร่คุณจะกลับมา
B: I'm coming back on Friday. (m)	Phomj ja glap ma wan Sook.	ผมจะกลับมาวันศุกร์

PHRASEBOOK

Names of Months

Put *deuan*, meaning "month", before each of these names. The final syllable is optional when speaking informally (in parentheses here).

	deuan...	เดือน
January	Mok-ga-ra (kom)	มกรา(คม)
February	Goom-pha (phan)	กุมภา(พันธ์)
March	Mee-na (kom)	มีนา(คม)
April	May-sa₁ (yon)	เมษา(ยน)
May	Phreut-sa-pha (kom)	พฤษภา(คม)
June	Mee-thoo-na (yon)	มิถุนา(ยน)
July	Ga-ra-ga-da (kom)	กรกฎา(คม)
August	Sing₁-ha₁ (kom)	สิงหา(คม)
September	Gan-ya (yon)	กันยา(ยน)
October	Too-la (kom)	ตุลา(คม)
November	Phreut-sa-ji-ga (yon)	พฤศจิกา(ยน)
December	Than-wa (kom)	ธันวา(คม)

Dates

Put *thee* (with a falling tone) before any number to make an ordinal number (first, second, etc).

first	thee neung	ที่หนึ่ง
second	thee sawng₁	ที่สอง
the first of August	wan thee neung	วันที่หนึ่ง
	deuan Sing₁-ha₁	เดือนสิงหา
A: What date are you coming?	Koon ja ma wan thee thao-rai?	คุณจะมาวันที่เท่าไหร่

48

PHRASEBOOK

B: I'm coming on the 10ᵗʰ.   Ma wan thee sip.   มาวันที่สิบ

Thailand uses Buddhist Era years which are 543 years before Christian Era years.

Buddhist Era (B.E.)	phoot-tha-sak-ga-rat	พุทธศัก
abbreviation	phaw saw	ราช, พ.ศ.
Christian Era (A.D.)	krit-ta-sak-ga-rat	คริสศักราช
abbreviation	kaw saw	ค.ศ.
A: What year were you born?	Koon geuht pee nai?	คุณเกิดปีไหน
B: I was born in 1975.	Phom geuht pee neung-paet.	ผมเกิดปีหนึ่งแปด

(B.E. 2518 - "one-eight")

Telephone

On the phone put *koon* before first names and include *ka* or *krup* with every sentence to be polite.

telephone	tho-ra-sap	โทรศัพท์
mobile phone	meu theu	มือถือ
telephone number	beuh tho-ra-sap	เบอร์โทรศัพท์

Ask for the "line" (*sai*) to the person.

A: May I speak to Lek?	Kaw sai koon Lek, ka.	ขอสายคุณเล็กค่ะ
(2 ways to say)	Kaw phoot gap gap koon Lek, ka.	ขอพูดกับคุณเล็กค่ะ
B: This is Lek. (m)	Nee Lek, krup.	นี่เล็กครับ

PHRASEBOOK

extension	taw	ต่อ
Extension 25. (m)	Taw sawng̩-ha̅, krup̣.	ต่อสองห้า ครับ
Just a moment. (f)	Sȧk kroo̅, kạ.	สักครู่ค่ะ
leave a message	fak kaw̅-kwam	ฝากข้อความ
Please tell him/her that...	Chuay̅ bawk kaȯ wa̅...	ช่วยบอก เขาว่า

For calling out on the phone say *tho pai*, and for calling in say *tho ma*, here with *ha* included for "look for" ("call here looking for you").

I'd like to call Vietnam. (f)	Kaw̩ tho pai̇ Wiet̅ Nam dai̅ mai̅, kȧ?	ขอโทรไป เวียดนาม ได้มั้ยคะ
Someone called you.	Mee kon tho ma ha̩ koȯn.	มีคนโทร มาหาคุณ

Emergencies

Help!	Chuay̅ duay̅!	ช่วยด้วย
Emergency!	chȯok cheuhn̩	ฉุกเฉิน
Fire!	Fai̅ mai̅.	ไฟไหม้
Please call the police.	Chuay̅ riak̅ tam-ruat̅ duay̅.	ช่วยเรียก ตำรวจด้วย
My things were stolen.	Kawng̩ hai̩.	ของหาย
My money was stolen.	Ngeu̇hn hai̩.	เงินหาย

PHRASEBOOK

| There was an accident. (vehicles crashed) | Mee rot chon gan. | มีรถชนกัน |
| Someone is/was injured. | Mee kon jep. | มีคนเจ็บ |

Medical

I'm not well. (f)	Chan mai sa-bai.	ฉันไม่สบาย
I'm ill. (f)	Chan puay.	ฉันป่วย
Someone is ill.	Mee kon mai sa-bai.	มีคนไม่สบาย
hospital	rong-pha-ya-ban	โรงพยาบาล
I want to go to the hospital. (f)	Chan yak pai rong-pha-ya-ban.	ฉันอยากไปโรงพยาบาล
doctor	maw	หมอ
Please call a doctor.	Chuay riak maw duay.	ช่วยเรียกหมอด้วย
a doctor who can speak English	maw thee phoot pha-sa Ang-grit dai	หมอที่พูดภาษาอังกฤษได้
ambulance	rot pha-ya-ban	รถพยาบาล
What's wrong?	Pen a-rai?	เป็นอะไร
I have a headache. (f)	Chan puat hua.	ฉันปวดหัว
I have a stomachache. (f)	Chan puat thawng.	ฉันปวดท้อง
I have diarrhea. (m)	Phom thawng sia.	ผมท้องเสีย

PHRASEBOOK

I have a cough.(m)	Phǒm ai.	ผมไอ
I have no strength.	Mâi mee raeng.	ไม่มีแรง

Use *pen* to say that you "have" a disease. See the dictionary for names of diseases.

I have a fever.	Phǒm pen kâi.	ผมเป็นไข้
I have a cold.	Phǒm pen wàt.	ผมเป็นหวัด

Taking Medicine

Medicine for a certain problem is *ya gae* ("medicine to relieve…") followed by the name of the problem.

medicine/drug	ya	ยา
cough medicine	ya gae ai	ยาแก้ไอ
medicine for fever	ya gae kâi	ยาแก้ไข้
take medicine	gin ya	กินยา
get an injection	cheet ya	ฉีดยา
test blood	truat lêuat	ตรวจเลือด
A: How many should take?	Gin gee mét?	กินกี่เม็ด
B: Take two.	Gin sǎwng mét.	กินสองเม็ด
A: How many times a day?	Wan la gee krang?	วันละกี่ครั้ง
B: Three times a day.	Wan la sǎm krang.	วันละสามครั้ง
before meals	gawn a-hǎn	ก่อนอาหาร
after meals	lǎng a-hǎn	หลังอาหาร

PHRASEBOOK

Weather

It's hot.	A-gat rawn.	อากาศร้อน
It's cool.	A-gat yen.	อากาศเย็น
It's cold.	A-gat nao).	อากาศหนาว
It's going to rain.	Fon) ja tok.	ฝนจะตก
It's raining.	Fon) tok.	ฝนตก
It's raining hard.	Fon) tok nak.	ฝนตกหนัก
It stopped raining.	Fon) yoot laeo.	ฝนหยุดแล้ว
It's flooding.	Nam thuam	น้ำท่วม
There's some wind.	Lom phat.	ลมพัด
The wind is blowing hard.	Lom raeng.	ลมแรง
There's no wind.	Mai mee lom.	ไม่มีลม
It's sunny.	Daet awk.	แดดออก
The sun is hot.	Daet rawn.	แดดร้อน
There's no sun.	Daet mai awk.	แดดไม่ออก
	Mai mee daet.	ไม่มีแดด
It's cloudy.	Mee mayk mak.	มีเมฆมาก

Around Thailand

greetings gesture	wai	ไหว้
New Year	Song)-gran	สงกรานต์
Thai orchestra	wong phee-phat	วงปี่พาทย์
circle dance	ram-wong	รำวง
masked dancing	kon)	โขน
Thai opera	lee-gay	ลิเก

PHRASEBOOK

Southern opera	ma-no-ra	มโนราห์
Isan/Lao opera	lum leuang	รำเรื่อง
Chinese opera	ngiu	งิ้ว
shadow puppets	nang ta-loong	หนังตะลุง
traditional music	phlayng Thai deuhm	เพลงไทย เดิม
Thai country music	phlayng look thoong	เพลงลูกทุ่ง
Isan/Lao music	maw lum	หมอลำ
Pop music	phlayng sa-ting	เพลงสตริง

Religion

Use *nap-theu* for "believing" in a religion.

Animism	sat-sa-na phee	ศาสนาผี
Buddhism	sat-sa-na Phoot	ศาสนาพุทธ
Christianity	sat-sa-na Krit	ศาสนาคริส
Islam	sat-sa-na It-sa-lam	ศาสนาอิสลาม
Judaism	sat-sa-na Yiu	ศาสนายิว
A: What's your religion?	Koon nap-theu sat-sa-na a-rai?	คุณนับถือศาสนาอะไร
B: I'm a Buddhist. (f)	Chan nap-theu sat-sa-na Phoot.	ฉันนับถือศาสนาพุทธ

Use "a person who believes in..." – *kon nap-theu* – for "Buddhist", "Christian", etc.

| Buddhist | kon nap-theu sat-sa-na Phoot. | คนนับถือศาสนาพุทธ |

PHRASEBOOK

Following are some customs associated with Buddhism in Thailand:

give food to monks	tham boon tak bat	ทำบุญตักบาตร
make merit	tham boon	ทำบุญ
morning alms round	bin tha bat	บิณฑบาต
Buddhist sabbath	wan phra	วันพระ
temple fair	ngan wat	งานวัด
tying strings on wrist	phook kaw meu	ผูกข้อมือ
ordination party	ngan buat nak	งานบวชนาค
circling the temple	wian thian	เวียนเทียน

Phrases Used in Conversation

Add *ka* or *krup* to be polite. You can also include "I" (*chan/phom*) with many of these expressions.

I don't know.	Mai roo.	ไม่รู้
(more polite)	Mai sap.	ไม่ทราบ
I'm not sure.	Mai nae-jai.	ไม่แน่ใจ
I don't understand.	Mai kao-jai.	ไม่เข้าใจ
I don't know anything about it.	Mai roo reuang	ไม่รู้เรื่อง
It's nothing.	mai pen rai	ไม่เป็นไร
certainly/for sure	nae-nawn	แน่นอน
OK/it's agreed	tok-long	ตกลง
What?	A-rai, na?	อะไรนะ

55

PHRASEBOOK

Oh?/Really?	Reuh?	เหรอ
Is that true?	Jing reu plao?	จริงหรือเปล่า
Isn't that right?	Chai mai?	ใช่มั้ย
Yes./That's right.	Chai.	ใช่
No./That's not right.	Mai chai.	ไม่ใช่
I don't believe it.	Mai cheua.	ไม่เชื่อ
really/truly	jing-jing	จริงๆ
maybe	bang-thee	บางที
impossible	pen pai mai dai	เป็นไปไม่ได้
You're lying.	go-hok	โกหก
I'm just joking.(m)	Phom phoot len, na.	ผมพูดเล่นนะ
special	phee-set	พิเศษ
regular/normal	tham-ma-da	ธรรมดา
the best/greatest	yiam	เยี่ยม
good-sounding (for music)	phraw	เพราะ
just right	phaw dee	พอดี
adequate/alright	phaw chai dai	พอใช้ได้
no problem	Mai mee pan-ha.	ไม่มีปัญหา
that's easy	sa-bai	สบาย
continuously/keeps going on	reuay-reuay	เรื่อยๆ
good luck	chok dee	โชคดี
bad luck	suay, chok rai	ซวย, โชคร้าย
bothersome/difficult	lam-bak	ลำบาก
terrible	yae	แย่

PHRASEBOOK

It serves you right.	Sŏmj nam nâ.	สมน้ำหน้า
You're invited.	Cheuhn.	เชิญ
Please come in.	Cheuhn kâo ma.	เชิญเข้ามา
Please sit down.	Cheuhn nâng.	เชิญนั่ง
Hurrah! (for toasts)	Chái-yo!	ไชโย
Do as you like.	Tam jai.	ตามใจ
(more polite)	Tam sà-bai.	ตามสบาย
It's up to you.	Laeo tae koon.	แล้วแต่คุณ
What about you?	Laeo koon, lâ?	แล้วคุณล่ะ
I'm indifferent.	Cheuyj-cheuyj	เฉย ๆ
I don't feel like it. ("lazy")	Kêe-giat.	ขี้เกียจ
I'm not in the mood.	Mâi mee a-rôm.	ไม่มีอารมณ์
whatever/anything	à-rai gâw dâi	อะไรก็ได้
whichever	un nǎij gâw dâi	อันไหนก็ได้
wherever/anywhere	thêe-nǎij gâw dâi	ที่ไหนก็ได้
whenever/any time	meuâ-rai gâw dâi	เมื่อไหร่ก็ได้
however/anyway/ in any way	yàng-ngai gâw tam	ยังไงก็ตาม
whoever/anyone	krai gâw dâi	ใครก็ได้
That would be OK.	gâw dâi	ก็ได้
Help!	Chûay dûay!	ช่วยด้วย
Could you help me?	Chûay nòi dâi mǎi?	ช่วยหน่อยได้ไหม
What's wrong?	Pen à-rai?	เป็นอะไร

PHRASEBOOK

What happened?	Mee a-rai geuht keun?	มีอะไรเกิดขึ้น
I have a problem.	Mee pan-ha˥.	มีปัญหา
I'm having a fight with...	Mee reuang gap...	มีเรื่องกับ
Be careful.	ra-wang	ระวัง
It's dangerous.	an-ta-rai	อันตราย
Calm down.	Jai yen-yen.	ใจเย็น ๆ
Wait a moment.	dio˩, dio˩-dio	เดี๋ยว, เดี๋ยวเดียว
Hurry up.	Reep noi, Reo-reo noi.	รีบหน่อย เร็ว ๆ หน่อย
Please let me through.	Kaw˩ thang noi.	ขอทางหน่อย
I have some business to do.	Mee thoo-ra.	มีธุระ
That has nothing to do with it.	Mai gio.	ไม่เกี่ยว
I can't do it. (physically unable)	Mai wai˩.	ไม่ไหว
I can't stand it.	Thon mai wai˩.	ทนไม่ไหว
I don't dare.	Mai gla.	ไม่กล้า
It's not worth it.	Mai koom.	ไม่คุ้ม
ready/all set	Riap-roi laeo.	เรียบร้อยแล้ว
that's it/that's all/ only this much	Kae nee.	แค่นี้

Phrases for Learning Thai

What?	A-rai, na?	อะไรนะ
What did you say?	Koon phoot wa a-rai, na?	คุณพูดว่า อะไรนะ
Could you speak slowly?	Phoot cha-cha noi, dai mai?	พูดช้า ๆ หน่อยได้มั้ย
Could you say that again?	Chuay phoot eeg krang neung, dai mai?	ช่วยพูด อีกครั้งหนึ่ง ได้มั้ย
A: What's it called in Thai?	Pha-sa Thai riak wa a-rai?	ภาษาไทย เรียกว่าอะไร
B: It's called a "broom".	Riak wa "mai gwat".	เรียกว่า ไม้กวาด
A: What's this?	Nee (keu) a-rai?	นี่(คือ)อะไร
B: This is a map of Bangkok.	Nee keu phaen-thee Groong-thayp.	นี่คือแผน ที่กรุงเทพฯ

To ask for the meaning of a word use *plae* which means "to translate". The question here is literally "What does it translate to?"

A: What does *ngoo* mean?	"Ngoo" plae wa a-rai?	งู แปลว่า อะไร
What does this word mean? (in English)	Kam nee plae wa a-rai?	คำนี้แปล ว่าอะไร
B: It means "snake".	Plae wa "snake".	แปลว่า สเนค

PHRASEBOOK

When asking someone to read something for you the question is literally "What does it read?", not "What does it say?" as in English.

| A: What does this say? | Un nee an wa a-rai? | อันนี้อ่านว่าอะไร |
| B: It says "no smoking". | An wa "ham soop boo-ree". | อ่านว่าห้ามสูบบุหรี่ |

Finally are some phrases used to express that you don't understand, can't hear, or can't read something.

I don't understand what was said.	Fang mai roo reuang.	ฟังไม่รู้เรื่อง
I didn't hear it./I can't hear it.	Mai dai yin.	ไม่ได้ยิน
I can't make out what's being said.	Fang mai awk.	ฟังไม่ออก
I can't read it.	An mai awk.	อ่านไม่ออก

BASIC GRAMMAR

Thai grammar is quite simple. There are no plurals or tense changes as in western languages and "grammar" refers mostly to the order of words in sentences.

Ka & Krup

Two words, *ka* for women and *krup* for men, are added to any question, response, or statement to be polite. They're also used alone as a polite way to say "yes". You should include them when talking to anyone who's not a close friend, but you can also use them with friends to show your respect for them. *Krup* always has a high tone while *ka* can be high, low, or falling depending on how it's being used.

for women:

end of questions	ka̅	คะ
end of statements and responses	kȧ	ค่ะ
for polite emphasis	ka̅̇	ค่ะ
for men:	krup	ครับ

Pronouns

It's common to omit pronouns informally if it's obvious whom you're referring to but pronouns should be included in polite situations. The same word is

BASIC GRAMMAR

both "I/me", etc. Sentences are marked (f) if they have *chan/ ka*, and (m) if they have *phom/ krup*.

I/me (for women)	chan	ฉัน
I/me (for men)	phom	ผม
you	koon	คุณ
he/she/him/her they/them	kao	เขา
we/us	rao	เรา
it	mun	มัน

Phuak is included with "we" and "they" to indicate or clarify plurality. It also sounds more formal.

| we | phuak rao | พวกเรา |
| they | phuak kao | พวกเขา |

Relationship terms are used in Thailand with people you aren't actually related to. Using them shows friendliness and respect. The following two are common with peers; other terms are in the dictionary.

| a person younger than you | nawng | น้อง |
| a person older than you | phee | พี่ |

In Thailand first names are often used for "you", especially one-syllable nicknames, and some people even use their own names for "I". *Koon* (or *khun*), the same word as "you", is used as a title before people's first names in polite situations such as in offices and on the phone.

62

BASIC GRAMMAR

Adjectives

Feelings or descriptive words are put right after the subject with no equivalent of "to be". Put *mai* (falling-short) before adjectives to make them negative.

I'm hungry. (m)	Phòm₎ hiu₎-kao̊.	ผมหิวข้าว
I'm not well. (f)	Chan̊ ma̅i sȧ-bai.	ฉันไม่สบาย
Bangkok isn't dangerous.	Gro̅ong-thayp ma̅i ȧn-tȧ-rai.	กรุงเทพฯไม่อันตราย

Mak is "very" and *leuy* is "not at all".

| You're very beautiful. | Ko̊on suay₎ ma̅k. | คุณสวยมาก |
| I's not good at all. | Ma̅i dee leuy. | ไม่ดีเลย |

Adjectives after nouns - Descriptive words and proper names are put after nouns or the classifier for the noun. There are no articles or plurals. Colors begin with the word *see*, meaning "color". To state a person's nationality put the name of the country after *kon* which means "person" or "people".

small bottle/bottles	kuat lėk	ขวดเล็ก
a yellow shirt/shirts	seua̅ see₎ leuang₎	เสื้อสีเหลือง
The Erawan Hotel	Rong-raem Ay-ra-wȧn	โรงแรมเอราวัณ
Thai person/people	ko̊n Tha̅i	คนไทย

Statements/questions with adjectives - "It" can be omitted informally so a sentence can be a single word like "expensive". To make questions answered by "yes" or "no" put *mai* (high-short) at the end. An-

BASIC GRAMMAR

swer by repeating the adjective for "yes" or with *mai* (falling-short) before it for "no".

It's expensive.	Phaeng.	แพง
It's not expensive.	Maî phaeng.	ไม่แพง
A: Is it good?	Dee maî?	ดีมั้ย
B: Yes.	Dee.	ดี
No.	Maî dee.	ไม่ดี
A: Is it beautiful?	Suay⌡ maî?	สวยมั้ย
B: Yes.	Suay⌡.	สวย
No.	Maî suay⌡.	ไม่สวย
A: Are you having fun?	Sà-noòk maî?	สนุกมั้ย
B: Yes.	Sà-noòk.	สนุก
No.	Maî sà-noòk.	ไม่สนุก

Following are other words for "yes":

polite for men	krup̀	ครับ
polite for women	kà	ค่ะ
informal	euh̄, ùh,	เออ, อือ
	ah̄, mm̄	เอ้อ, อืม

Comparing - Put *gwa* after the adjective for the comparative ("bigger") and *thee-soot* for the superlative ("the biggest").

| Bangkok is bigger than Chiang Mai. | Groong-thayp̄ yaì gwa Chiang Maì. | กรุงเทพฯใหญ่กว่าเชียงใหม่ |
| Ko Phi Phi is the most beautiful. | Gàw Phee-Phee suay⌡ theē-soòt. | เกาะพีพีสวยที่สุด |

64

Completed states/actions - Put *laeo* ("already") after adjectives and verbs for an action/state that's complete or finished.

That's enough.	Phaw laeo.	พอแล้ว
I'm full.	Im laeo.	อิ่มแล้ว
The water's gone.	Nam mot laeo.	น้ำหมดแล้ว
I'm/It's finished. (an action)	Set laeo.	เสร็จแล้ว

To Be

"To be" links nouns only. There are two words – *pen* and *keu*. *Pen* links subjects with descriptions as in "She's a teacher". *Keu* links exact equivalents as in "This is a book". *Keu* is optional informally.

He/She's Chinese.	Kao pen kon Jeen.	เขาเป็นคนจีน
A: What's this?	Nee (keu) a-rai?	นี่ (คือ) อะไร
B: This is silk cloth.	Nee (keu) pha mai.	นี่ (คือ) ผ้าไหม

The negative is made with *mai chai*.

He/She's not Thai.	Kao mai chai kon Thai.	เขาไม่ใช่คนไทย

Verbs

Questions with verbs As with adjectives *mai* is put after verbs for questions and before it for the negative, and verbs are repeated in responses. Following are common verbs with pronouns omitted informally.

BASIC GRAMMAR

A: Do you want it?	Ao mai?	เอามั้ย
B: Yes./No.	Ao./Mai ao.	เอา/ไม่เอา
A: Are you going?/ Would you like to go?	Pai mai?	ไปมั้ย
B: Yes./No.	Pai./Mai pai.	ไป/ไม่ไป
A: Do you like Thai food?	Chawp a-hanj Thai mai?	ชอบอาหารไทยมั้ย
B: Yes./No.	Chawp./Mai chawp.	ชอบ/ไม่ชอบ
A: Do you have ice?	Mee nam-kaengj mai?	มีน้ำแข็งมั้ย
B: Yes./No.	Mee./Mai mee.	มี/ไม่มี
I don't have ice./ There's no ice.	Mai mee nam-kaengj.	ไม่มีน้ำแข็ง

Can - "Can" is *dai*, or *pen* for being able to do a skill.

A: Can you?	Dai mai?	ได้มั้ย
Can you go?	Pai dai mai?	ไปได้มั้ย
B: Yes./No.	Dai./Mai dai.	ได้/ไม่ได้
I can go. (f)	Chan pai dai.	ฉันไปได้
I can't go. (m)	Phomj pai mai dai.	ผมไปไม่ได้
I can't swim. (m)	Phomj wai-nam mai pen.	ผมว่ายน้ำไม่เป็น
A: Can you eat Thai food?	Gin a-hanj Thai pen mai?	กินอาหารไทยเป็นมั้ย
B: Yes./No.	Pen./Mai pen.	เป็น/ไม่เป็น

BASIC GRAMMAR

Or not? - Put *reu plao* at the end of statements for "or not". The meaning isn't as strong as in English.

| A: Are you going? | Pai reu plao? | ไปรึเปล่า |
| B: Yes./No. | Pai./Mai pai. | ไป/ไม่ไป |

Inflected questions - Put *reuh* at the end.

| You don't want it? | Mai ao reuh? | ไม่เอาเหรอ |
| You're going now? | Pai laeo reuh? | ไปแล้วเหรอ |

Isn't that right? - Put *chai mai* at the end. Answer with *chai* for "yes" or *mai chai* for "no".

A: You're going to Chiang Rai, aren't you?	Koon ja pai Chiang Rai, chai mai?	คุณจะไปเชียงราย ใช่มั้ย
B: Yes.	Chai.	ใช่
No. We're going to Chiang Mai.	Mai chai. Rao ja pai Chiang Mai.	ไม่ใช่ เราจะไปเชียงใหม่

Tenses – Verbs don't change. Instead, time is understood from context or by time phrases which are usually put first in the sentence. With the future *ja* is usually included before the verb.

| Today I'm going shopping | Wan-nee chan ja pai sou kawng. | วันนี้ฉันจะไปซื้อของ |

Two words may be included when referring to actions happening at the present time – *gam-lang* before the verb to show that the action is presently going on and *yoo* after the verb to show that the state exists. These words are included for emphasis or clarification only.

BASIC GRAMMAR

| Lek is eating. | Lek gam-lang gin kao. | เล็กกำลัง กินข้าว |
| Noi is taking a bath. | Noi ab-nam yoo. | น้อยอาบน้ำอยู่ |

For the past just state the basic sentence or put *laeo* after the verb to that the action has happened already.

| She went to work. | Kao pai tham-ngan. | เขาไปทำงาน |
| She's gone to work. | Kao pai tham-ngan laeo. | เขาไปทำงานแล้ว |

With the past negative include *dai* before the verb. *Dai* means "can" or "get to".

| I didn't go. (m) | Phom mai dai pai. | ผมไม่ได้ไป |

Already/yet - Put *reu yang?* at the end of questions.

A: Has John come yet?	John ma reu yang?	จอนห์มารึยัง
B: Yes.	Ma laeo.	มาแล้ว
No.	Yang.	ยัง
	Yang mai ma.	ยังไม่มา

Auxiliary verbs - These are put before the verb.

like/like to	chawp	ชอบ
I like to listen to music. (m)	Phom chawp fang phlayng.	ผมชอบฟังเพลง
want to	yak	อยาก
I don't want to go. (m)	Phom mai yak pai.	ผมไม่อยากไป

BASIC GRAMMAR

have to	tawng	ต้อง
I have to go to the embassy. (f)	Chan tawng pai sa-thanj-thoot.	ฉันต้องไปสถานทูต
might	at ja (verb)	อาจจะ
I might go to Laos. (f)	Chan at ja pai pra-thet Lao.	ฉันอาจจะไปประเทศลาว
have ever	keuy	เคย
A: Have you ever been to Hua Hin?	Koon keuy pai Huaj Hinj mai?	คุณเคยไปหัวหินมั้ย
B: Yes.	Keuy.	เคย
No, never.	Mai keuy.	ไม่เคย

Requests - The first word of a request is *chuay* ("help") followed by the action. At the end put *noi* ("a little"), *na* ('OK?'), *duay* ("also"), *dai mai?* ("can you?") or *hai phom/hai chan* ("for me"). *Ka* and *krup* are also included at the end. The formal words for "please", *ga-roo-na* and *prot*, aren't used informally.

| Please open the window. | Chuay peuht na-tang noi. | ช่วยเปิดหน้าต่างหน่อย |

"Don't" is *ya*, which sounds strong, or *mai tawng*, which is more polite (literally "you don't have to"). Include *na* at the end for "mind you" or "OK?".

| You don't have to take off your shoes. | Mai tawng thawt rawng-thao, na. | ไม่ต้องถอดรองเท้านะ |

BASIC GRAMMAR

| Don't forget to lock the door. | Ya leum lawk pra-too, na. | อย่าลืมล็อก ประตูนะ |

Use *kaw* when requesting an item or asking for permission to perform an action.

| May I have some water? | Kaw nam noi. | ขอน้ำหน่อย |
| May I take your picture? | Kaw thai roop koon dai mai? | ขอถ่ายรูป คุณได้มั้ย |

Referring to Things

There is/there are - Use *mee* ("to have").

| There's a restaurant over there. | Mee ran-a-han yoo thee-nan. | มีร้านอาหาร อยู่ที่นั้น |
| There's no boat to that island. | Mai mee reua pai gaw nan. | ไม่มีเรือ ไปเกาะนั้น |

Classifiers - All nouns have associated classifiers that replace the noun with "this/that", numbers, "how many", "which", and "each". Following are common classifiers:

| general classifier | un | อัน |

  (may be used to refer to any object)

boats	lum	ลำ
books	lem	เล่ม
bottles	kuat	ขวด
buildings	lang	หลัง
cloth/towels	pheun	ผืน

BASIC GRAMMAR

clothes/furniture/animals	tua	ตัว
empty glasses/plates	bai	ใบ
flat objects (paper/disks)	phaen	แผ่น
lump-shapes (cakes)	gawn	ก้อน
machines/appliances	kreuang	เครื่อง
newspapers/documents	cha-bap	ฉบับ
packs (cigarettes/medicine)	sawng	ซอง
pairs of things	koo	คู่
people	kon	คน
pieces of things	chin	ชิ้น
pills/gems/seeds	met	เม็ด
places	thee, haeng	ที่, แห่ง
round objects	look	ลูก
sets of things	choot	ชุด
small objects (pictures/tickets/hats)	bai	ใบ
strands (noodles/necklaces)	sen	เส้น
trees/plants	ton	ต้น
vehicles	kun	คัน
watches/clocks	reuan	เรือน

This/that - "This" and "that" (*nee/nan*) are put after the classifier for the object you're referring to. The first sentence has *un*, which can refer to any object. The second sentence has *tua*, the classifier for clothes.

71

BASIC GRAMMAR

this/that	nee/nan˙	นี้/นั้น
This one is beautiful.	Un˙ nee suayj.	อันนี้สวย
That shirt isn't expensive.	Tua nan˙ mai˙ phaeng.	ตัวนั้นไม่แพง

The complete phrase includes the noun "shirt".

| That shirt isn't expensive. | Seua˘ tua nan˙ mai˙ phaeng. | เสื้อตัวนั้นไม่แพง |

Here the classifier for people is *kon*.

that person/ those people	kon˙ nan˙	คนนั้น
that man (men)	phoo˙ chai kon˙ nan˙	ผู้ชายคนนั้น
That woman is named Daeng.	Phoo˘-yingj kon˙ nan˙ cheu˙ Daeng.	ผู้หญิงคนนั้นชื่อแดง

With places *nee/nan* are put right after the place.

| This restaurant isn't expensive. | Ran-a-hanj nee mai˙ phaeng. | ร้านอาหารนี้ไม่แพง |

Numbers of things - First name the object, then the number, and then the classifier. "One" is put either before or after the classifier (or use *dio* – "single") but other numbers are put before the classifier only.

one bottle of beer (3 ways to say)	bia neung˙ kuat,	เบียร์หนึ่งขวด
	bia kuat neung˙,	เบียร์ขวดหนึ่ง
	bia kuat dio	เบียร์ขวดเดียว
two bottles of beer	bia sawngj kuat	เบียร์สองขวด

BASIC GRAMMAR

Wh- Questions

How many? - This is *gee* before the classifier. In the second question "how many children" is literally "children-how many-people".

how many	gee (classifier)	กี่
A: How many shirts did you buy?	Koon seu seua gee tua?	คุณซื้อเสื้อกี่ตัว
B: I bought three.	Seu sam tua.	ซื้อสามตัว
A: How many children do you have?	Koon mee look gee kon?	คุณมีลูกกี่คน
B: I have two.	Mee sawng kon.	มีสองคน

Which? - Put *nai* after the classifier for the object you're referring to. This example uses the general classifier *un* which can refer to any object.

which	(classifier) nai	ไหน
Which one?	Un nai?	อันไหน
A: Which one do you want?	Ao un nai?	เอาอันไหน
B: I want this one.	Ao un nee.	เอาอันนี้

What? - Put *a-rai* at the end of the sentence.

what	a-rai	อะไร
A: What are you doing?	Tham a-rai?	ทำอะไร
B: I'm studying Thai.	Rian pha-sa Thai.	เรียนภาษาไทย

BASIC GRAMMAR

| A: What's wrong? | Pen a-rai? | เป็นอะไร |
| B: I have a headache. (f) | Chan puat hua. | ฉันปวดหัว |

Who? - Put *krai* at the end unless it's the subject of the sentence. When asking about a person from a specific group use "which person" – *kon nai*.

who	krai	ใคร
A: Who did you come with?	Koon ma gap krai?	คุณมากับใคร
B: I came with a friend.	Chan ma gap pheuan.	ฉันมากับเพื่อน
Which person?	kon nai?	คนไหน
A: Which person is named Dam?	Kon nai cheu Dam?	คนไหนชื่อดำ
B: That person.	Kon nan.	คนนั้น

Whose? - Use *kawng* to show possession. It's optional in phrases like "your house" (either *ban koon* or *ban kawng koon*).

whose	kawng krai	ของใคร
my/mine (f)	kawng chan	ของฉัน
my/mine (m)	kawng phom	ของผม
John's	kawng John	ของจอนห์
A: Where's your house?	Ban (kawng) koon yoo thee-nai?	บ้านของคุณอยู่ที่ไหน
B: It's in Bangkok.	Yoo Groong-thayp.	อยู่กรุงเทพฯ

BASIC GRAMMAR

A: Whose is this?	Un nee kawng̖ krai?	อันนี้ ของใคร
B: It's mine. (f)	Kawng̖ chan̊.	ของฉัน

Where? - Put *thee-nai* at the end of the sentence. It's sometimes shortened to *nai*. *Yoo* means "to be at".

where	thee-nai̖	ที่ไหน
A: Where do you stay?	Phak̊ yoo thee-nai̖?	พักอยู่ที่ไหน
B: I stay in Khaosan.	Phak̊ thee Kao-san̖.	พักที่ข้าวสาร
A: Where's Noi?	Noi yoo thee-nai̖?	น้อยอยู่ที่ไหน
B: She's at home.	Yoo ban̊.	อยู่บ้าน

How? - "How" has two pronunciations. The first is informal and is used in the examples here. Include *pen* when talking about charactistics.

how (informal)	yang̊-ngai̊	ยังไง
(formal)	yang-rai̊	อย่างไร
A: How are you going?	Koon jå pai yang̊-ngai̊?	คุณจะไปยังไง
B: I'm walking. (m)	Phom̖ jå deuhn pai.	ผมจะเดินไป
A: How is this hotel?	Rong-raem noo pen yang̊-ngai̊?	โรงแรมนี้เป็นยังไง
B: It's good.	Dee.	ดี

75

BASIC GRAMMAR

What kind? - *Yang* and *baep* are the most common words for "kind" or "type". *Yang* is for smaller units of things while *baep* is for larger units and also means "style".

what kind	yang nai̯	อย่างไหน
what type/style	baep nai̯	แบบไหน
A: What kind of food do you want?	Åo a-han̯ yang nai̯?	เอาอาหารอย่างไหน
B: Any kind.	Yang nai̯ gaẘ dai̊.	อย่างไหนก็ได้

Why? - Put *tham-mai* at the end of affirmative questions and at the beginning of negative questions.

why	thåm-måi	ทำไม
A: Why are you going to Surin?	Koon jå påi Soo-ri̊n thåm-måi?	คุณจะไปสุรินทร์ทำไม
B: I'm going to the elephant festival.	Påi ngan cha̅ng.	ไปงานช้าง
A: Why aren't you going to Korat?	Thåm-måi ko̊on ma̅i påi Ko-ra̅t?	ทำไมคุณไม่ไปโคราช
B: Because I don't have time.	Phråw wa̅ ma̅i mee way-la.	เพราะว่าไม่มีเวลา

Prefixes & Compound Words

Prefixes alter the meaning of verbs and adjectives.

Len is put after verbs for an activity that is done without a serious purpose in mind.

| take a walk | deuhn le̅n | เดินเล่น |

BASIC GRAMMAR

Aep is put before verbs for "do secretly".

peek at	aep doo	แอบดู

Na is put before verbs or feelings to make adjectives meaning "worthy of that action or feeling".

boring	na beua	น่าเบื่อ
interesting	na sonj-jai	น่าสนใจ

Kee is put before adjectives or verbs to describe people characterized by that word.

shy	kee ai	ขี้อาย
a drunkard	kee mao	ขี้เมา

Jai refers figuratively to the heart and mind and is used in words that describe mental or emotional states.

hot-tempered	jai-rawn	ใจร้อน
satisfied	phaw-jai	พอใจ
sincere	jing-jai	จริงใจ

Kwam is put before verbs, adjectives, and adverbs to make nouns that express an abstract concept.

idea/thought	kwam kit	ความคิด
love (n)	kwam rak	ความรัก

Gan is put before verbs to make nouns (gerunds) referring to actions or "affairs of".

development	gan phat-tha-na	การพัฒนา
education	gan seuk-saj	การศึกษา

Particles

Particles are short words that are put at the end of sentences to modify the meaning.

Na means "OK?", "mind you" or "isn't it?" It's often used with *krup/ka* – *na krup* or *na ka*.

It's beautiful.	Suay, na̅.	สวยนะ
It's far, mind you.	Glai, na̅.	ไกลนะ
I don't want it.	Mai ao, na krup.	ไม่เอานะครับ

See adds the meaning of "really/for sure".

| A: Shall we go? | Pai mai? | ไปมั้ย |
| B: Sure. | Pai see. | ไปซิ |

Rawk is used mostly in negative responses for "contrary to what was said or thought".

| A: Is it expensive? | Phaeng mai? | แพงมั้ย |
| B: No, not really. | Mai phaeng rawk. | ไม่แพงหรอก |

ENGLISH-THAI DICTIONARY

See the phrasebook for numbers, days of the week, months, and food.

A

a few (two or three)	sawng̖ sam̖	สองสาม
a little	noi, nit̖ noi	น้อย, นิดหน่อย
a long time	nan	นาน
a long time ago	nan ma laeo	นานมาแล้ว
a lot	mak, yeuh,	มาก, เยอะ
	lai̖ (classfier)	หลาย
a moment ago	meua-gee-nee	เมื่อกี้นี้
abbreviation	kam yaw̖	คำย่อ
abdomen/stomach	thawng	ท้อง
able to	dai̖	ได้
(formal)	sa-mat̖	สามารถ
able to (do a skill)	dai̖, pen	ได้, เป็น
abortion (to abort)	tham thaeng̖	ทำแท้ง
about/almost	geuap	เกือบ
about/approximately	pra-man	ประมาณ
about/concerning	gio-gap,	เกี่ยวกับ
	reuang	เรื่อง

79

ENGLISH-THAI DICTIONARY

above/on top	bon, kang bon	บน, ข้างบน
above/over	neua	เหนือ
abscess/boil	fee	ฝี
accent (in speaking)	sam-niang	สำเนียง
accident	oo-bat-tee-hayt	อุบัติเหตุ
according to	tam thee...	ตามที่
account (money)	ban-chee	บัญชี
accountant	nak ban-chee	นักบัญชี
accustomed (to)/ used to	chin (gap), koon keuy	ชิน (กับ) คุ้นเคย
ache	puat	ปวด
across (from)	trong kam	ตรงข้าม
act/perform	sa-daeng	แสดง
activity/activities (in business)	git-ja-gam, git-ja-gan	กิจกรรม กิจการ
actor/actress	nak sa-daeng	นักแสดง
add	buak	บวก
add to/put more	teuhm	เติม
add up/put together	ruam, ruam-gan	รวม, รวมกัน
addicted (to)	tit	ติด
addictive drug	ya sayp-tit	ยาเสพติด
address (n)	thee-yoo	ที่อยู่
adjective	kam koon-na-sap	คำคุณศัพท์
adjust	prap	ปรับ
administration	gan baw-ree-han	การบริหาร
adult	phoo yai	ผู้ใหญ่
advanced (level)	chan soong	ชั้นสูง

80

ENGLISH-THAI DICTIONARY

advertise/adver-tisement	kot-sà-na (or *ko-sà-na*)	โฆษณา
advise/give advice	haî kam naē-nam, prèuk-sa̯	ให้คำแนะนำ, ปรึกษา
advise/recommend	naē-nam	แนะนำ
affect/have an effect (on)	mee phǒn̯ (taw)	มีผล(ต่อ)
afraid/to fear	glua	กลัว
Africa	À-free-ga	แอฟริกา
after (event/time)	lǎng̯-jak	หลังจาก
after/past (a place)	leuy	เลย
after that	lǎng̯-jak nán	หลังจากนั้น
after this	lǎng̯-jak neé	หลังจากนี้
afternoon (1-4 PM)	tawn baì	ตอนบ่าย
(5-7 PM)	tawn yen	ตอนเย็น
again/anew/newly	(verb) maì	ใหม่
again/one more time	eeg, eeg krang̊ nèung	อีก อีกครั้งหนึ่ง
age	a-yoo	อายุ
ago (two days ago)	(time) theē laeo	ที่แล้ว
agree, after nego-tiations	tòk-long	ตกลง
agree, with opinion	hěn̯ duay̯	เห็นด้วย
agriculture (academic subject)	gan gà-sayt, gà-sayt-sàt	การเกษตร เกษตรศาสตร์
AIDS	rōk ayt	โรคเอดส์
aim/objective	joòt-prà-sǒng̯	จุดประสงค์

ENGLISH-THAI DICTIONARY

air	a-gat	อากาศ
air-conditioned	ae, prap a-gat	แอร์, ปรับอากาศ
air conditioner	kreuang ae, kreuang prap a-gat	เครื่องแอร์ เครื่องปรับอากาศ
air force	gawng thap a-gat	กองทัพอากาศ
("air soldier")	tha-hanj a-gat	ทหารอากาศ
air force base	thanj thap a-gat	ฐานทัพอากาศ
air pollution/air is polluted	a-gat siaj, a-gat pen phit	อากาศเสีย อากาศเป็นพิษ
airplane	kreuang bin	เครื่องบิน
airplane crash	kreuang bin tok	เครื่องบินตก
airport	sa-namj bin	สนามบิน
alive	mee chee-wit	มีชีวิต
(for animals)	pen-pen	เป็น ๆ
all/altogether	thang-mot	ทั้งหมด
all/completely	mot	หมด
all day	thang wan	ทั้งวัน
all gone/used up	mot, mot laeo	หมด, หมดแล้ว
all night	thang keun	ทั้งคืน
all the time/always	ta-lawt way-la	ตลอดเวลา
Allah	Phra Al-law	พระอัลเลาะห์
allergic to...	phae...	แพ้
allow (to...)	hai (verb)	ให้
(more formal)	a-noo-yat	อนุญาต
almost	geuap	เกือบ

ENGLISH-THAI DICTIONARY

alone	kon dio	คนเดียว
alphabet	tua ak-sawn	ตัวอักษร
already (done)	(verb) laeo	แล้ว
alright/adequate	phaw chai dai	พอใช้ได้
alright/OK	gaw dai	ก็ได้
also/in addition	...duay	ด้วย
also/likewise	...meuan-gan	เหมือนกัน
although	theung mae wa...	ถึงแม้ว่า
altogether	thang-mot	ทั้งหมด
always/constantly/ forever	sa-meuh	เสมอ
always/every time	thook krang	ทุกครั้ง
always/from now on	ta-lawt pai	ตลอดไป
always/regularly	pra-jam	ประจำ
ambassador	thoot	ทูต
ambulance	rot pha-ya-ban	รถพยาบาล
America/USA	A-may-ree-ga, Sa-ha-rat	อเมริกา สหรัฐ
amount	jam-nuan	จำนวน
amphetamine	ya ba	ยาบ้า
amulet	phra kreuang	พระเครื่อง
analyze	wee-kraw	วิเคราะห์
ancestor(s)	poo-ya-ta-yai, ban-pha-boo-root	ปู่ย่าตายาย, บรรพบุรุษ
ancient/very old	bo-ran, gao gae	โบราณ, เก่าแก่
and (formal word)	lae	และ
and/then	laeo, laeo gaw	แล้ว, แล้วก็

ENGLISH-THAI DICTIONARY

and/with	gạp	กับ
angel (female)	nang fā	นางฟ้า
Angkor Wat	Nā-kawn Wāt	นครวัด
angry	grot	โกรธ
angry (suddenly)	mo-ho⌋	โมโห
animal	sạt	สัตว์
Animism	sat-sạ-na⌋ phee⌋,	ศาสนาผี
	nap-theu⌋ phee⌋	นับถือผี
ankle	kaw̄ thaȯ	ข้อเท้า
announcement/	prạ-gat	ประกาศ
announce		
annual	prạ-jạm pee	ประจำปี
another/more	eeg	อีก
another/some other	(classifier) eun	อื่น
(not this one)		
another person	eeg kȯn neu̇ng	อีกคนหนึ่ง
(one more)		
another person	kȯn eun	คนอื่น
(not this one)		
answer, the phone	rāp	รับ
answer/respond	tawp	ตอบ
ant	mȯt	มด
antenna	sao⌋ a-gat	เสาอากาศ
antique/antiques	kawng⌋ gȧo	ของเก่า
apartment	ȧ-phat-mėn,	อพาร์ตเมนท
("room")	hawnḡ	ห้อง
apologize	kaw⌋ thot̄	ขอโทษ

84

ENGLISH-THAI DICTIONARY

apply (for job)	sa-mak	สมัคร
appointment	nat	นัด
appropriate	maw som	เหมาะสม
approve/authorize	a-noo-mat	อนุมัติ
approximately	pra-man	ประมาณ
archeology	bo-ran-na-ka-dee	โบราณคดี
architect	sa-tha-pa-nik	สถาปนิก
area	kayt	เขต
area/environs	baw-ree-wayn	บริเวณ
area/region	phak	ภาค
area code	ra-hat	รหัส
argue (seriously)	tha-law	ทะเลาะ
argue/disagree	thiang	เถียง

(include *gan* for "with each other")

arm	kaen	แขน
army	gawng thap	กองทัพ
army base	kayt gawng thap	เขตกองทัพ
around/in the area	thaeo,	แถว
	thaeo-thaeo	แถว ๆ
around/surround/	rawp	รอบ

go around (1 cycle)

around here	thaeo nee	แถวนี้
arrange	jat	จัด
arrest	jap	จับ
arrive	theung	ถึง
arrive at a place	pai theung	ไปถึง
arrive here	ma theung	มาถึง

ENGLISH-THAI DICTIONARY

art/the arts	sin̖-la-pà	ศิลปะ
artist (music/acting)	sin̖-la-pin	ศิลปิน
artist (painter)	chang wat roop	ช่างวาดรูป
(formal)	jìt-trà-gawn	จิตกร
as/by ("as a group")	pen	เป็น
as usual	tam pòk-gà-tèe	ทำปกติ
ashamed	ai, kaiֽ-nâ	อาย, ขายหน้า
(in own mind)	là-ai	ละอาย
Asia	Ay-sia	เอเชีย
Asian (person)	chao Ay-sia	ชาวเอเชีย
ask	tham̖	ถาม
ask for/beg for	kaw̖...	ขอ
ask for permission	kaw̖ à-noo-yât	ขออนุญาต
assets/property	sàp-sin̖, sàp	ทรัพย์สิน, ทรัพย์
assistant	phôo chuay	ผู้ช่วย
associate/be friends	kóp ("kope")	คบ

(include *gàp/gan* for "with/with each other")

at (a place)	thêe, yòo,	ที่, อยู่
	yòo thêe	อยู่ที่
at night	glang keun	กลางคืน
at that time/then	tawn-nán	ตอนนั้น
athlete	nák gee-la	นักกีฬา
ATM card	bàt A.T.M.	บัตรเอทีเอ็ม
atmosphere/air	a-gàt	อากาศ
atmosphere/ambiance	ban-ya-gàt	บรรยากาศ
attach/attached to	tìt	ติด

ENGLISH-THAI DICTIONARY

attack (a person)	tham-rai	ทำร้าย
attack (by army)	book, book-rook	บุก, บุกรุก
aunt, older sister of mother or father	pa	ป้า
aunt/uncle, younger on father's side	ah	อา
aunt/uncle, younger on mother's side	na	น้า
auspicious	mong-kon	มงคล
Australia	Aws-tray-lia	ออสเตรเลีย

B

baby (to 2 years)	dek awn	เด็กอ่อน
	dek ta-rok	เด็กทารก
baby (2-5 years)	dek lek	เด็กเล็ก
bachelor	chai sot	ชายโสด
bachelor's degree	prin-ya tree	ปริญญาตรี
back (body)	lang⌡	หลัง
back/behind/in back	lang⌡, kang lang⌡	หลัง, ข้างหลัง
backache	puat lang⌡	ปวดหลัง
bad (not good)	mai dee	ไม่ดี
(awful/terrible)	yae	แย่
bad (for people, last two are worst)	mai dee, chua, rai, leo	ไม่ดี, ชั่ว, ร้าย, เลว
bad-acting	nee-sai mai dee	นิสัยไม่ดี
bad luck	suay, chok rai	ซวย, โชคร้าย

ENGLISH-THAI DICTIONARY

bad mood	a-rom mai dee,	อารมณ์ไม่ดี
	a-rom sia	อารมณ์เสีย
bad-smelling	men	เหม็น
badminton	baet	แบด
	baet-min-tun	แบดมินตัน
bag/sack	thoong	ถุง
bag/suitcase/purse	gra-pao	กระเป๋า
bake/roast	op	อบ
balcony/porch	ra-biang	ระเบียง
bald	hua lan	หัวล้าน
Bali	Ba-lee	บาลี
ball	bawn, look bawn	บอล, ลูกบอล
bamboo (plant)	mai phai	ไม้ไผ่
bamboo mouth organ	kaen	แคน
bamboo shoot	naw mai	หน่อไม้
banana tree	ton gluay	ต้นกล้วย
band (music)	wong don-tree	วงดนตรี
bandage/band-aid	plas-teuh	พลาสเตอร์
	pha phan plae	ผ้าพันแผล
Bangkok	Groong-thayp	กรุงเทพฯ
bank	tha-na-kan	ธนาคาร
bank (of river)	fang (mae-nam)	ฝั่ง(แม่น้ำ)
banknote	baeng	แบงก์
bankrupt, go	lom-la-lai, jeng	ล้มละลาย, เจ๊ง
barbequed	yang, phao	ย่าง, เผา
barber	chang tat phom	ช่างตัดผม

88

ENGLISH-THAI DICTIONARY

barber shop	ran tat phom	ร้านตัดผม
bargain/haggle	taw, taw rawng	ต่อ, ต่อรอง
bark (dog)	hao	เห่า
basin	ga-la-mang	กาละมัง
basket	ta-gra	ตะกร้า
basketball	bat,	บาส
	bas-get-bawn	บาสเกตบอล
bat (animal)	kang-kao	ค้างคาว
bathe	ab-nam	อาบน้ำ
bathing suit, men	gang-gayng wai nam	กางเกงว่ายน้ำ
bathing suit, women	choot wai-nam	ชุดว่ายน้ำ
bathroom/toilet	hawng-nam	ห้องน้ำ
battery, flashlight	than fai-chai	ถ่านไฟฉาย
battery, vehicle	baet-ta-ree	แบตเตอรี่
bay/cove/gulf	ao	อ่าว
be	pen, keu	เป็น, คือ
be at/live at	yoo	อยู่
beach	hat sai,	หาดทราย
	chai hat	ชายหาด
bear (animal)	mee	หมี
beard	krao	เครา
beat/hit/strike	tee	ตี
beat/rhythm	jang-wa	จังหวะ
beat/win	cha-na	ชนะ
beautiful	suay	สวย
(pretty)	ngam	งาม

ENGLISH-THAI DICTIONARY

(for music)	phraw	เพราะ
beauty shop	ran seuhm suay	ร้านเสริมสวย
because/because of	phraw (wa)	เพราะ(ว่า)
become/change into	glai pen...	กลายเป็น
bed	tiang,	เตียง
	thee-nawn	ที่นอน
bedroom	hawng nawn	ห้องนอน
bedsheet	pha poo thee-nawn	ผ้าปูที่นอน
bee	pheung	ผึ้ง
before (a place)	gawn,	ก่อน
	gawn theung	ก่อนถึง
before (event/time)	gawn	ก่อน
before/in past times	sa-mai gawn	สมัยก่อน
before/in the past	meua-gawn	เมื่อก่อน
beg alms/beggar	kaw than	ขอทาน
begin	reuhm	เริ่ม
beginning (of)	ton, tawn ton	ต้น, ตอนต้น
beginning level	chan ton	ชั้นต้น
behavior	nee-sai,	นิสัย
(formal)	preut-tee-gam	พฤติกรรม
behind/in back	lang,	หลัง
	kang lang	ข้างหลัง
believe, something is true	cheua	เชื่อ
believe in/respect	nap-theu	นับถือ
bell (in temple)	ra-kang	ระฆัง
bell, small	gra-ding	กระดิ่ง

ENGLISH-THAI DICTIONARY

belongs to...	pen kawng...	เป็นของ
below (area)	lang, kang lang	ล่าง, ข้างล่าง
below (objects)	tai	ใต้
belt	kem kut	เข็มขัด
bent/crooked	ngaw	งอ
beside/next to	kang-kang,	ข้าง ๆ
	tit (gap)	ติด (กับ)
besides	nawk-jak	นอกจาก
besides that	nawk-jak nan	นอกจากนั้น
best	dee thee-soot	ดีที่สุด
betel nut, chew	gin mak	กินหมาก
betray	hak lang	หักหลัง
better (than)	dee gwa	ดีกว่า
better/improved	dee keun	ดีขึ้น
between...and...	ra-wang...gap...	ระหว่าง...กับ
beyond/past	leuy	เลย
Bible	Phra Kam-phee	พระคัมภีร์
bicycle	jak-gra-yan	จักรยาน
big	yai	ใหญ่
bill, for money owed	bin	บิล
bill/banknote	baeng	แบงก์
billfold	gra-pao sa-tang	กระเป๋าสตางค์
biology	chee-wa-wit-tha-ya	ชีววิทยา
biracial person	look kreung	ลูกครึ่ง
bird	nok	นก
birth, give birth	awk look	ออกลูก
(proper term)	klawt look	คลอดลูก

ENGLISH-THAI DICTIONARY

birth control	gan koom gam-neuht	การคุม กำเนิด
birth control pills	ya koom (gam-neuht)	ยาคุม (กำเนิด)
birthday	wan geuht	วันเกิด
bite	gat	กัด
bitter	kom	ขม
black	see dam	สีดำ
black market	ta-lat meut	ตลาดมืด
blame	thot	โทษ
bland/unseasoned	jeut	จืด
blanket	pha hom	ผ้าห่ม
bleed/is bleeding	leuat awk	เลือดออก
bless	uay-phawn	อวยพร
blessing (n)	phawn	พร
blind	ta bawt	ตาบอด
blood	leuat	เลือด
blood pressure	kwam dan lo-hit	ความดันโลหิต
blood test	truat leuat	ตรวจเลือด
blood vessel	sen leuat	เส้นเลือด
blow (from mouth)	pao	เป่า
blow (wind/fan)	phat	พัด
blue, dark	see nam-ngeuhn	สีน้ำเงิน
blue, light	see fa	สีฟ้า
board (wood)	gra-dan	กระดาน
boat	reua	เรือ
boat race	kaeng reua	แข่งเรือ

ENGLISH-THAI DICTIONARY

Bodhi tree	ton pho	ต้นโพธิ์
body (general term)	tua	ตัว
body (physical)	rang-gai	ร่างกาย
body (shape)	hoon, roop-rang	หุ่น, รูปร่าง
body/corpse	sop	ศพ
boil/boiled	tom	ต้ม
boil/is boiling	deuat	เดือด
bomb (n)	ra-beuht	ระเบิด
(drop bombs)	thing ra-beuht	ทิ้งระเบิด
bone	gra-dook	กระดูก
book	nang-seu	หนังสือ
bookstore	ran kai nang-seu	ร้านขายหนังสือ
border	chai-daen	ชายแดน
bored (of)	beua, seng	เบื่อ, เซ็ง
boring	na beua	น่าเบื่อ
born	geuht	เกิด
borrow	yeum	ยืม
boss (n)	hua na, jao nai	หัวหน้า, เจ้านาย
(owner and boss)	thao-gae	เถ้าแก่
both	thang sawng	ทั้งสอง
both people	thang sawng kon	ทั้งสองคน
both things	thang sawng un	ทั้งสองอัน
bother/a bother	lam-bak	ลำบาก
bother/disturb	rop-guan, guan	รบกวน, กวน
bothered, feel	ram-kan	รำคาญ
bottle	kuat	ขวด

93

ENGLISH-THAI DICTIONARY

bottom	tai	ใต้
bowl, large	cham	ชาม
bowl, small	thuay	ถ้วย
box (v)	chok muay	ชกมวย
box/carton	glawng	กล่อง
boxer	nak muay	นักมวย
boxing, international	muay sa̖-gon	มวยสากล
boxing, Thai	muay Thai	มวยไทย
boxing ring	way-thee (muay)	เวที(มวย)
boy	dek phoo-chai	เด็กผู้ชาย
boy/young man	noom	หนุ่ม
boyfriend	faen	แฟน
bracelet, chain	soi kaw meu	สร้อยข้อมือ
(hard)	gam-lai	กำไล
brain	sa-mawng	สมอง
brake (n)	brayk	เบรค
branch, of bank/etc	sa̖-ka̖	สาขา
brand	yee-haw, tra	ยี่ห้อ, ตรา
(second is put before name of brand)		
brass	thawng leuang	ทองเหลือง
bread	ka-nom pang	ขนมปัง
break, from work	phak	พัก
break, in two	hak	หัก
break/shatter/burst	taek	แตก
break up (relation-ship)	leuhk gan	เลิกกัน
breakfast	a-han chao	อาหารเช้า

94

ENGLISH-THAI DICTIONARY

breasts	nom	นม
breathe	hai-jai	หายใจ
breed (of animal)	phan	พันธุ์
bribe, give	hai sin-bon	ให้สินบน
bribe, receive	rap sin-bon	รับสินบน
bride	jao sao	เจ้าสาว
bridegroom	jao bao	เจ้าบ่าว
bridge	sa-phan	สะพาน
bright	sa-wang	สว่าง
bring, a person	ma song, pha ma	มาส่ง, พามา
bring, an object	ao ma	เอามา
bring...for someone (as gift)	ao...ma fak	เอา...มาฝาก
bring and give	ao ma hai	เอามาให้
broad/wide	gwang	กว้าง
broad-minded/ magnanimous	jai-gwang	ใจกว้าง
broken (in two)	hak	หัก
(not working)	sia	เสีย
(shattered)	taek	แตก
broken-hearted	ok hak	อกหัก
broken leg	ka hak	ขาหัก
broom	mai gwat	ไม้กวาด
brothel	sawng	ซ่อง
brother, older	phee-chai	พี่ชาย
brother, younger	nawng-chai	น้องชาย
brothers and sisters	phee-nawng	พี่น้อง

ENGLISH-THAI DICTIONARY

brown	seej nam-tan	สีน้ำตาล
brush (n/v)	praeng	แปรง
brush your teeth	praeng fun	แปรงฟัน
bucket/pail	thangj	ถัง
Buddha	Phra Phoot-tha-jao	พระพุทธเจ้า
Buddha statue	Phra Phoot-tha-roop	พระพุทธรูป
Buddhism	sat-sa-naj Phoot	ศาสนาพุทธ
Buddhist	kon nap-theuj sat-sa-naj Phoot	คนนับถือศาสนาพุทธ
budget	ngop pra-man	งบประมาณ
buffalo	kwai	ควาย
build	sang	สร้าง
build a house	plook ban	ปลูกบ้าน
building (concrete)	teuk	ตึก
bull	gra-thing	กระทิง
bull fighting (Thai)	chon wua	ชนวัว
bullet	look peun	ลูกปืน
bump/crash into	chon	ชน
(with *gan* for "bump into each other")		
Burma/Myanmar	Pha-ma	พม่า
burn, do actively	phaoj	เผา
burn/is burning	mai	ไหม้
bury	fangj	ฝัง
bus	rot-may	รถเมล์
bus station	sa-thaj-nee rot may,	สถานี

ENGLISH-THAI DICTIONARY

	kiu rot, baw-kaw)-saw)	รถเมล์, คิวรถ บ.ข.ส.
bus stop ("sign")	pai rot-may	ป้ายรถเมล์
business	thoo-ra-git	ธุรกิจ
business/company	baw-ree-sat	บริษัท
business activities	git-ja-gan	กิจการ
business card	nam-bat	นามบัตร
businessperson	nak thoo-ra-git	นักธุรกิจ
busy/have things to do	mee thoo-ra	มีธุระ
busy/not free	mai wang	ไม่ว่าง
but	tae, tae wa	แต่, แต่ว่า
butterfly	phee) seua	ผีเสื้อ
buttocks	gon	ก้น
button	gra-doom	กระดุม
buy	seu	ซื้อ
buy things/shop	seu kawng)	ซื้อของ
by ("two by four")	koon	คูณ
by, written/sung by	doy	โดย
by/by means of	duay)	ด้วย

C

cabinet	too	ตู้
cage	grong	กรง
calculate	kit	คิด
calendar	pa-tee-thin	ปฏิทิน

97

ENGLISH-THAI DICTIONARY

call	riak	เรียก
call (a place, on phone)	tho pai	โทรไป
call here (phone)	tho ma	โทรมา
calm/patient	jai yen	ใจเย็น
calm/peaceful	sa-ngop	สงบ
Cambodia	Ka-menj, Gum-phoo-cha	เขมร, กัมพูชา
camel	oot	อูฐ
camera	glawng thai roop	กล้องถ่ายรูป
can/able to (formal)	dai, sa-mat	ได้, สามารถ
can/able to (skills)	dai, pen	ได้, เป็น
can/tin can	gra-pawngj	กระป๋อง
Canada	Kae-na-da	แคนนาดา
canal	klawng	คลอง
cancel	yok leuhk	ยกเลิก
cancer	ma-reng	มะเร็ง
candle	thian	เทียน
cannabis	gan-cha	กัญชา
cannot	mai dai	ไม่ได้
cannot (do a skill)	mai dai, mai pen	ไม่ได้, ไม่เป็น
cannot (physically)	mai waij	ไม่ไหว
can't find	haj mai jeuh	หาไม่เจอ
can't read it	an mai awk	อ่านไม่ออก
can't see it	mawng mai henj	มองไม่เห็น
can't sleep	nawn mai lap	นอนไม่หลับ

ENGLISH-THAI DICTIONARY

capital/funds	thoon,	ทุน
	ngeuhn thoon	เงินทุน
capital city	meuang luang	เมืองหลวง
capsule/pill	met	เม็ด
car	rot-yon	รถยนต์
cards, play	len phai	เล่นไพ่
careful	ra-wang	ระวัง
(formal)	ra-mat ra-wang	ระมัดระวัง
careless/reckless	pra-mat	ประมาท
carpenter	chang mai	ช่างไม้
carry (with hand)	hiu	หิ้ว
(hold in arms)	oom	อุ้ม
(in vehicle)	ban-thook	บรรทุก
(object with long handle)	sa-phai	สะพาย
(on back or shoulders)	baek	แบก
(on pole)	hap	หาบ
(two people)	ham	หาม
carry/hold	theu	ถือ
cart	gwian	เกียวน
cartoon	ga-toon	การ์ตูน
carve	qae sa-lak	แกะสถัก
case (event)	gaw-ra-nee	กรณี
case (legal)	ka-dee	คดี
case (medical or accident)	rai	ราย

ENGLISH-THAI DICTIONARY

cash (n - money)	ngeuhn sot	เงินสด
cash a check	keun ngeuhn	คืนเงิน
casket	heep sop	หีบศพ
cat	maeo	แมว
catch	jap	จับ
cause (n)	saj-hayt	สาเหตุ
cause/make happen	tham hai...	ทำให้
cave	tham	ถ้ำ
ceiling	phay-dan	เพดาน
celebrate	cha-lawngj	ฉลอง
celebration	ngan cha-lawngj	งานฉลอง
cement	poon	ปูน
cemetery, Chinese	soo-sanj	สุสาน
cemetery, Thai	pa-cha	ป่าช้า
center/headquarters	soonj	ศูนย์
center/middle	glang	กลาง
centimeter	sen-ti-met, sen	เซนติเมตร, เซน
Central Thai language	pha-saj glang	ภาษากลาง
Central Thailand	phak glang	ภาคกลาง
century	sat-ta-wat	ศตวรรษ
ceremony	phee-thee	พิธี
certain/sure	nae-jai, nae nawn	แน่ใจ, แน่นอน
certificate	bai rap-rawng	ใบรับรอง
chain	so	โซ่
chair	gao-ee	เก้าอี้

ENGLISH-THAI DICTIONARY

chance (n)	o-gat	โอกาส
change (v)	plian	เปลี่ยน
change, from a purchase	ngeuhn thawn	เงินทอน
change/small bills	baeng yoi	แบงค์ย่อย
change money	laek ngeuhn	แลกเงิน
change your mind	plian jai	เปลี่ยนใจ
channel	chawng	ช่อง
chant (v)	suat mon	สวดมนต์
chapter	bot	บท
characteristic	lak-sa-na	ลักษณะ
charcoal	than	ถ่าน
charming	mee sa-nay	มีเสน่ห์
chase after	lai tam	ไล่ตาม
chase away	lai	ไล่
cheap	thook	ถูก
cheat (for money)	gong	โกง
cheat/deceive	lawk, lawk luang	หลอก หลอกลวง
cheater	kee gong	ขี้โกง
check/examine	truat	ตรวจ
checkers	mak hawt	หมากฮอต
cheek	gaem	แก้ม
chemical (n)	kay-mee, san-kay-mee	เคมี สารเคมี
chemistry	kay-mee	เคมี
chess	mak rook	หมากรุก

101

ENGLISH-THAI DICTIONARY

chest (body)	ok, na ok ("oak")	อก, หน้าอก
chew	kio	เคี้ยว
chew betel	gin mak	กินหมาก
chicken	gai	ไก่
chicken fighting	chon gai	ชนไก่
child, biracial	look kreung	ลูกครึ่ง
child/children (general term)	dek	เด็ก
child/children (yours or someone's)	look	ลูก
chin	kang	คาง
China	meuang Jeen	เมืองจีน
cholera	a-hee-wa	อหิวา
choose	leuak	เลือก
chop (meat/etc)	sap	สับ
chopsticks	ta-giap	ตะเกียบ
Christian	kon nap-theu sat-sa-na Krit	คนนับถือศาสนาคริส
Christianity	sat-sa-na Krit	ศาสนาคริส
church	bot ("boat")	โบสถ์
cigarette	boo-ree	บุหรี่
cigarette lighter	fai chaek	ไฟแช็ค
circle (n)	wong glom	วงกลม
cirrhosis	tap kaeng	ตับแข็ง
city/town	meuang	เมือง
city pillar shrine	(san) lak meuang	(ศาล) หลักเมือง

102

ENGLISH-THAI DICTIONARY

clap hands	top meu ("tope")	ปรบมือ
class/grade/level	chan	ชั้น
classroom	hawng rian	ห้องเรียน
clean (adj)	sa-at	สะอาด
clean (v)	tham kwam sa-at	ทำความสะอาด
clear/clearly	chat, chat jayn	ชัด, ชัดเจน
cliff	na pha	หน้าผา
climate/weather	a-gat	อากาศ
climb	peen	ปีน
clock/watch	na-lee-ga	นาฬิกา
close (v)	pit	ปิด
close by/near	glai, glai-glai	ใกล้, ใกล้ ๆ
close friend	pheuan sa-nit	เพื่อนสนิท
closed	pit laeo	ปิดแล้ว
cloth	pha	ผ้า
cloth, men's	pha-ka-ma	ผ้าขาวม้า
clothes/clothing	seua pha	เสื้อผ้า
cloud/clouds	mayk	เมฆ
club, for sports	sa-mo-sawn	สโมสร
club, in school	chom-rom	ชมรม
coast/shore	fang tha-lay	ฝั่งทะเล
coat/jacket	seua gan nao	เสื้อกันหนาว
cobra	ngoo hao	งูเห่า
cockroach	maeng sap	แมลงสาบ
coconut	ma-phrao	มะพร้าว
coconut tree	ton ma-phrao	ต้นมะพร้าว

ENGLISH-THAI DICTIONARY

code, area/zone	ra-hat	รหัส
coin	rian	เหรียญ
cold, feeling/ weather	nao	หนาว
cold, have a cold	pen wat	เป็นหวัด
cold, to the touch	yen	เย็น
cold season	na nao	หน้าหนาว
(more formal)	reu-doo nao	ฤดูหนาว
collect/accumulate	sa-som	สะสม
collect/pick up	gep	เก็บ
college	wit-tha-ya-lai	วิทยาลัย
colony	meuang keun, a-na-nee-kom	เมืองขึ้น อาณานิคม
color	see	สี
comb	wee	หวี
comb your hair	wee phom	หวีผม
come	ma	มา
come back	glap ma	กลับมา
come in	kao ma	เข้ามา
come out/put forth	awk	ออก
comet	dao hang	ดาวหาง
comfortable	sa-bai	สบาย
commerce	gan ka	การค้า
committee	ka-na gam-ma-gan	คณะกรรมการ
communication(s)	gan seu-san	การสื่อสาร
community	choom-chon	ชุมชน

ENGLISH-THAI DICTIONARY

company/business	baw-ree-sat	บริษัท
compare	priap thiap	เปรียบเทียบ
compass	kem thit	เข็มทิศ
compete	kaeng, kaeng-kun	แข่ง, แข่งขัน
competition	gan kaeng-kun	การแข่งขัน
competitor/rival	koo kaeng	คู่แข่ง
complain	bon	บ่น
complete (includes everything that should be there)	krop	ครบ
complete/finish	tham hai set	ทำให้เสร็จ
completed/finished	set laeo	เสร็จแล้ว
complicated/detailed	la-iat	ละเอียด
complicated/hard to understand	sup-sawn kao-jai yak	ซับซ้อน เข้าใจยาก
compose music	taeng phlayng	แต่งเพลง
computer	kawm-phiu-teuh	คอมพิวเตอร์
concentrate on (pay attention)	mee sa-tee, ao jai sai	มีสติ เอาใจใส่
concentration/mindfulness (in Buddhism)	sa-ma-thee	สมาธิ
concerned/worried	pen huang	เป็นห่วง
concert	kawn-seuht	คอนเสิร์ต
conclude	sa-roop	สรุป
condiments/garnishes	kreuang proong	เครื่องปรุง
condition/state	sa-phap	สภาพ

105

ENGLISH-THAI DICTIONARY

condition/stipulation	kaw mae, ngeuan kai	ข้อแม้ เงื่อนไข
condom	thoong yang	ถุงยาง
confident	mun-jai	มั่นใจ
confirm	yeun-yan	ยืนยัน
confused	ngong, sup-son	งง สับสน
confusing	na puat hua	น่าปวดหัว
connect	tit, taw, cheuam	ติด, ต่อ เชื่อม
conscious	mee sa-tee	มีสติ
conserve/preserve	rak-sa, a-noo-rak	รักษา อนุรักษ์
considerate of others/don't want to bother	grayng-jai	เกรงใจ
consonant (letter)	pha-yan-cha-na	พยัญชนะ
constipated	thawng phook	ท้องผูก
constitution (gov't)	rat-tha-tham-ma-noon	รัฐธรรมนูญ
construction worker	chang gaw sang	ช่างก่อสร้าง
consult	preuk-sa (ha reu)	ปรึกษา (หารือ)
consultant/advisor	thee preuk-sa	ที่ปรึกษา
contact (v)	tit-taw	ติดต่อ
content, book/song	neua-ha	เนื้อหา
contest (v)	pra-guat	ประกวด
continent	tha-weep	ทวีป

ENGLISH-THAI DICTIONARY

continue (doing)	(verb) taw,	ต่อ
	(verb) taw pai	ต่อไป
continuously	reuay-reuay	เรื่อย ๆ
contract (n/v)	sunj-ya	สัญญา
contract (v - for an entire job)	maoj	เหมา
control	kuap-koom	ควบคุม
convenient	sa-duak	สะดวก
cook (v)	tham a-hanj,	ทำอาหาร
	tham gap kao	ทำกับข้าว
cook, female	mae krua	แม่ครัว
cook, male	phaw krua	พ่อครัว
cook, female/male	kon krua	คนครัว
cook food	tham a-hanj,	ทำอาหาร
	tham gap kao	ทำกับข้าว
cook rice	hoongj kao	หุงข้าว
cooked/done/ripe	sook	สุก
cool (adj)	yen	เย็น
cool/comfortable	yen sa-bai	เย็นสบาย
cooperate	ruam meu	ร่วมมือ
coordinator	phoo pra-sanj ngan	ผู้ประสานงาน
copper	thawng daeng	ทองแดง
copy, appearance or actions	lian baep	เลียนแบบ
copy, photo/tape	at	อัด
copy, a test/design	lawk	ลอก

107

ENGLISH-THAI DICTIONARY

copy/counterfeit (both verb and adj)	plawm	ปลอม
copyright (n)	lik-ka-sit	ลิขสิทธิ์
coral	pa-ga-rang	ปะการัง
corner	moom	มุม
corpse	sop	ศพ
correct (v)	gae, gae kai	แก้, แก้ไข
correct, for clock	trong	ตรง
correct/correctly	thook, thook-tawng	ถูก, ถูกต้อง
corrupt	kaw-rup-chun	คอรัปชั่น
corruption	gan kaw-rup-chun, gan gong	การคอรัปชั่น, การโกง
cost/price	ra-ka	ราคา
cotton	fai	ฝ้าย
cotton cloth	pha fai	ผ้าฝ้าย
cough	ai	ไอ
count (v)	nap	นับ
counterfeit (adj/v)	plawm	ปลอม
country	pra-thet	ประเทศ
countryside	ban nawk	บ้านนอก
(more polite)	chon-na-bot	ชนบท
coup d'etat	rat-tha-pra-han	รัฐประหาร
course (of study)	lak-soot	หลักสูตร
court, go to court	keun san	ขึ้นศาล
cousin	look-phee-look-nawng	ลูกพี่ลูกน้อง

ENGLISH-THAI DICTIONARY

cover, person with blanket	hom	ห่ม
cover, things	kloom	คลุม
cover, with lid	pit	ปิด
cover/lid	fa	ฝา
cow	wua	วัว
crab	poo	ปู
crash (together)	chon	ชน

(include *gap/gan* for "with/with each other")

crazy	ba	บ้า
crazy and silly	ba-ba-baw-baw	บ้า ๆบอ ๆ
credit (n)	sin-cheua	สินเชื่อ
credit, installment	ngeuhn phawn	เงินผ่อน
credit card	bat kray-dit	บัตรเครดิต
cremate (a corpse)	phao sop	เผาศพ
criminal/tough guy	nak layng	นักเลง
crisp/crispy	grawp	กรอบ
criticize (bad things)	tee, tee-tian	ติ, ติเตียน
criticize/critique	wee-jan	วิจารณ์
crocodile	jaw-ra-kay	จระเข้
cross/go across	kam	ข้าม
crowded/packed	naen, ae-at	แน่น, แออัด
(many people)	kon mak	คนมาก
cruel	hot ("hote"), hot-hiam	โหด, โหดเหี้ยม
cry (v)	rawng hai	ร้องไห้
cry out	rawng	ร้อง

109

ENGLISH-THAI DICTIONARY

culture	wat-tha-na-tham	วัฒนธรรม
cup	thuay	ถ้วย
cupboard	too	ตู้
cure/convalesce	rak-sa	รักษา
curriculum/course	lak-soot	หลักสูตร
curry/make curry	gaeng	แกง
curtain	pha man	ผ้าม่าน
curve (n)	kong	โค้ง
cushion	baw	เบาะ
custom/tradition	pra-phay-nee	ประเพณี
customer	look ka	ลูกค้า
cut (v)	tat	ตัด
cut (finger/etc)	bat	บาด
cut/wound (n)	phlae	แผล
cut down trees	tat mai	ตัดไม้
cut hair	tat phom	ตัดผม
cute	na rak	น่ารัก
cutting board	kiang	เคียง
cycle (go around one time - n or v)	rawp	รอบ
cymbals (small)	ching	ฉิ่ง
(large)	chap	ฉาบ

D

dam/dike	keuan	เขื่อน
damaged	sia-hai	เสียหาย

110

ENGLISH-THAI DICTIONARY

damp	cheun	ชื่น
dance (v)	ten	เต้น
(formal)	ten-ram	เต้นรำ
(in circle)	ram-wong	รำวง
dancing, masked	kon	โขน
dangerous	an-ta-rai	อันตราย
dare (to)	gla	กล้า
dark, for colors	gae, kem	แก่, เข้ม
dark, for skin	dam	ดำ
dark, no light	meut	มืด
data/information	kaw-moon	ข้อมูล
date (day-number)	wan thee	วันที่
daughter	look-sao	ลูกสาว
daughter-in-law	look sa-phai	ลูกสะใภ้
dawn/daybreak	sa-wang, roong chao	สว่าง, รุ่งเช้า
day	wan	วัน
(during the day/ in the daytime)	glang wan, tawn glang wan	กลางวัน, ตอนกลางวัน
day after tomorrow	ma-reun-nee	มะรืนนี้
day before yesterday	meua wan seun	เมื่อวานซืน
dead	tai laeo, sia chee-wit	ตายแล้ว, เสียชีวิต
deaf	hoo nuak	หูหนวก
debt, in debt	pen nee, tit nee	เป็นหนี้, ติดหนี้
debt(s)	nee, nee-sin	หนี้, หนี้สิน

111

ENGLISH-THAI DICTIONARY

decayed/rotten	nao	เน่า
deceive/dupe/trick	lawk,	หลอก
	lawk luang	หลอกลวง
decide	tat-sin-jai	ตัดสินใจ
decimal point	joot	จุด
decorate	taeng, tok taeng	แต่ง, ตกแต่ง
decrease (price)	lot ("lote")	ลด
decrease/go down	long	ลง
deep	leuk	ลึก
deep/profound	leuk-seung	ลึกซึ้ง
deer	gwang	กวาง
defecate	thai	ถ่าย
defend/protect	pawng-gan	ป้องกัน
definitely	nae-nawn	แน่นอน
degree (temp.)	ong-sa	องศา
delay/postpone	leuan way-la	เลื่อนเวลา
delete	lop awk	ลบออก
delicious	a-roi	อร่อย
deliver	song, song pai	ส่ง, ส่งไป
demand (v)	riak-rawng	เรียกร้อง
democratic	pra-cha-thip-pa-tai	ประชาธิปไตย
demonstrate/show	sa-daeng, sa-thit	แสดง, สาธิต
dengue fever	kai leuat awk	ไข้เลือดออก
dentist	maw fun	หมอฟัน
deny/refuse	pa-tee-sayt	ปฏิเสธ

112

ENGLISH-THAI DICTIONARY

department (of a business or organization)	phá-naek, fai	แผนก, ฝ่าย
department (of government)	nuay-ngan, grom, gawng	หน่วยงาน กรม, กอง
department store	hang	ห้าง
depends on	keun gap, laeo tae	ขึ้นกับ แล้วแต่
deposit (leave as guaranty when renting)	mat-jam	มัดจำ
deposit money	fak ngeuhn	ฝากเงิน
desert	tha-lay sai	ทะเลทราย
design (n)	baep	แบบ
design (v)	awk baep	ออกแบบ
design (on cloth/etc)	lai	ลาย
dessert	kawng wan	ของหวาน
dessert/snack	ka-nom	ขนม
destroy	tham-lai	ทำลาย
detail(s)	rai-la-iat	รายละเอียด
detailed/meticulous	la-iat	ละเอียด
detective	nak seup	นักสืบ
detergent	faeb ("Fab")	แฟ้บ
develop (to a higher level)	phat-tha-na	พัฒนา
develop/prosper/progress	ja-reuhn	เจริญ
develop film	lang fim	ล้างฟิล์ม
development	gan phat-tha-na	การพัฒนา

ENGLISH-THAI DICTIONARY

dew	nam kang	น้ำค้าง
Dharma (teachings of the Buddha)	tham-ma, phra tham	ธรรมะ พระธรรม
diabetes	bao wan	เบาหวาน
diamond	phet	เพชร
diarrhea	thawng sia	ท้องเสีย
dictator	pha-det-gan	เผด็จการ
dictionary	pot-ja-na-noo-grom	พจนานุกรม
(or use the English word "dictionary")		
die (v)	tai, sia chee-wit	ตาย, เสียชีวิต
different	mai meuan	ไม่เหมือน
different from each other	mai meuan gan, tang gan	ไม่เหมือนกัน ต่างกัน
difficult/a bother/ have difficulty	lam-bak	ลำบาก
difficult/hard	yak	ยาก
dig (v)	koot	ขุด
dinner	a-han yen	อาหารเย็น
dinosaur	dai-no-sao	ไดโนเสาร์
dip into (sauce)	jim	จิ้ม
direct/directly	trong	ตรง
direction, compass	thit	ทิศ
direction/way	thang	ทาง
dirt/soil	din	ดิน
dirty	mai sa-at, sok-ga-prok	ไม่สะอาด สกปรก
dirty, become	leuh	เลอะ

114

ENGLISH-THAI DICTIONARY

disappear/be lost/go away	hai̯	หาย
disappear/cease to exist	soon̯ hai̯	สูญหาย
disappointed	phit wang̯	ผิดหวัง
discount (n)	suan lot	ส่วนลด
disease/sickness	rok ("roke")	โรค
disk/CD	phaen dit	แผ่นดิส
distribute/give out	jaek	แจก
distribute/sell	jam-nai	จำหน่าย
district	am-pheuh	อำเภอ
disturb/bother	rop-guan, guan	รบกวน, กวน
dive	dam nam	ดำน้ำ
divide up/share	baeng gan	แบ่งกัน
diving mask	waen dam nam	แว่นดำน้ำ
divorce (v)	ya	หย่า
divorce from each other	yaek gan, ya gan	แยกกัน หย่ากัน
dizzy	wian hua̯	เวียนหัว
do/make	tham	ทำ
do business	tham thoo-ra-git	ทำธุรกิจ
do without/refrain from/resist	ot, ot-jai	อด, อดใจ
doctor	maw̯	หมอ
(formal)	phaet	แพทย์
doctorate degree	prin-ya ayk	ปริญญาเอก
doctrine	lat-thee	ลัทธิ

115

ENGLISH-THAI DICTIONARY

document	ayk-ga-san	เอกสาร
documentary	sa-ra-ka-dee	สารคดี
dog	ma, soo-nak	หมา, สุนัข
doll	took-ga-ta	ตุ๊กตา
dollar	dawn, dawn-la	ดอล, ดอลลาร์
donate	baw-ree-jak	บริจาค
door	pra-too	ประตู
dormitory	haw phak	หอพัก
doubt (v)	song-sai	สงสัย
down/go down	long	ลง
downstairs/below	kang lang	ข้างล่าง
dozen	lo	โหล
draft into army	gayn tha-han	เกณฑ์ทหาร
dragon	mung-gawn	มังกร
drain out/relieve	ra-bai	ระบาย
drama (TV/live)	la-kawn	ละคร
draw	wat	วาด
draw/paint a picture	wat roop, kian roop	วาดรูป เขียนรูป
dream	fun	ฝัน
dream that...	fun wa...	ฝันว่า
dress/get dressed	sai seua-pha, taeng tua	ใส่เสื้อผ้า แต่งตัว
dress/skirt	gra-prong	กระโปรง
drink (general term)	gin	กิน
(polite)	deum	ดื่ม
drink liquor	gin lao	กินเหล้า

ENGLISH-THAI DICTIONARY

drinking water	nam plao	น้ำเปล่า
drinks	kreuang deum	เครื่องดื่ม
drive	kap	ขับ
drive, as occupation	kap rot	ขับรถ
driver	kon kap rot	คนขับรถ
driver's license	bai kap kee	ใบขับขี่
drown	jom-nam (tai)	จมน้ำ (ใต้)
drug, addictive	ya sayp-tit	ยาเสพติด
drug/medicine	ya	ยา
drugstore	ran kai ya	ร้านขายยา
drum	glawng	กลอง
drunk/high	mao	เมา
dry	haeng	แห้ง
(for places)	laeng,	แล้ง
	haeng-laeng	แห้งแล้ง
duck	pet	เป็ด
during/while	ra-wang, chuang	ระหว่าง, ช่วง
dust	foon	ฝุ่น
duty/responsibility	na-thee	หน้าที่
dye (v)	yawm	ย้อม

E

each	tae la	แต่ละ
each/per	la, taw	ละ, ต่อ
each other	(verb) gan	กัน
each person	tae la kon	แต่ละคน

ENGLISH-THAI DICTIONARY

ear	hoo	หู
early, in morning	chao	เช้า
early/before time	gawn way-la	ก่อนเวลา
early/so soon	reo (means "fast")	เร็ว
earrings	toom hoo	ตุ้มหู
earth	lok ("loke")	โลก
earthquake	phaen din wai	แผ่นดินไหว
east	ta-wan awk	ตะวันออก
Eastern Thailand	phak ta-wan awk	ภาคตะวันออก
easy/easily	ngai	ง่าย
easy/no problem	sa-bai	สบาย
easygoing	jai-yen	ใจเย็น
eat	gin	กิน
(formal)	than	ทาน
(very formal)	rap-pra-than	รับประทาน
economical/thrifty/ economize on	pra-yat	ประหยัด
economy	sayt-tha-git	เศรษฐกิจ
edge	rim	ริม
education	gan seuk-sa	การศึกษา
eel	pla lai	ปลาไหล
effect/impact	phon gra-thop	ผลกระทบ
egg	kai	ไข่
election	gan leuak-tang	การเลือกตั้ง
electrician	chang fai-fa	ช่างไฟฟ้า
electricity	fai fa, fai	ไฟฟ้า, ไฟ

118

ENGLISH-THAI DICTIONARY

elementary school	pra-thom, seuk-sa,	ประถมศึกษา
elephant	chang	ช้าง
embarrassed	ai	อาย
embassy	sa-than,-thoot	สถานทูต
embrace/hug	gawt	กอด
emerald	maw-ra-got	มรกต
emergency	chook cheuhn,	ฉุกเฉิน
emotion/mood	a-rom	อารมณ์
emotional, act	chai a-rom	ใช้อารมณ์
employee	look jang, kon ngan	ลูกจ้าง, คนงาน
(subordinate)	look nawng	ลูกน้อง
empty/blank/void	plao	เปล่า
empty/not in use	wang,	ว่าง
encourage	hai gam-lang jai	ให้กำลังใจ
end (place)	soot	สุด
(movie/story)	jop	จบ
(week/month)	sin, plai, thai	สิน, ปลาย, ท้าย
endure/forbear	ot-thon	อดทน
enemy	sat-troo	ศัตรู
energy/force/power	gam-lang, pha-lang	กำลัง, พลัง
energy/strength	raeng	แรง
engage, to marry	mun	หมั้น
engine	kreuang yon	เครื่องยนต์
engineer (n)	weet-sa-wa-gawn	วิศวกร
engineering	weet-sa-wa-gam	วิศวกรรม

ENGLISH-THAI DICTIONARY

England	pra-thet Ang-grit	ประเทศอังกฤษ
English language	pha-saj Ang-grit	ภาษาอังกฤษ
enjoyable/fun/enjoy	sa-nook	สนุก
enough	phaw, phiang phaw	พอ เพียงพอ
enter/go in	kao	เข้า
entrance	thang kao	ทางเข้า
entrust/give to someone to watch	fak	ฝาก
envelope	sawng jot-maij	ซองจดหมาย
environment	sing-waet-lawm	สิ่งแวดล้อม
envy/envious	eet-chaj	อิจฉา
epidemic	rok ra-bat	โรคระบาด
equal (amount)	thao-gan	เท่ากัน
equal (status)	thao-thiam	เท่าเทียม
equal/even	sa-meuhj	เสมือน
equipment	oop-pa-gawn	อุปกรณ์
erase	lop	ลบ
escape/run away	neej	หนี
especially	doy cha-phaw	โดยเฉพาะ
ethnic group	cheua chat	เชื้อชาติ, ชนชาติ
Europe	Yoo-rop	ยุโรป
European person	chao Yoo-rop	ชาวยุโรป
evaluate	pra-meuhn phonj	ประเมินผล
even/level/smooth	riap	เรียบ
even if/although/	(theungj) mae wa,	(ถึง)แม้ว่า

ENGLISH-THAI DICTIONARY

even though	thang-thang thee	ทั้ง ๆ ที่
evening/in the evening	tawn yen	ตอนเย็น
event/incident	hayt-gan, hayt	เหตุการณ์, เหตุ
ever, have ever	keuy	เคย
every	thook, thook-thook	ทุก, ทุก ๆ
every day	thook wan	ทุกวัน
every other day	wan wayn wan	วันเว้นวัน
every time	thook krang	ทุกครั้ง
everyone/everybody	thook kon	ทุกคน
everything/every kind	thook yang	ทุกอย่าง
everywhere	thook thee	ทุกที่
evidence	lak-than	หลักฐาน
examination, take	sawp	สอบ
examine/check	truat	ตรวจ
example	tua yang	ตัวอย่าง
except (that)	nawk-jak (wa...)	นอกจาก (ว่า)
exchange/change	plian	เปลี่ยน
exchange money	laek ngeuhn	แลกเงิน
excited/exciting	teun-ten	ตื่นเต้น
excrement	kee	ขี้
excuse, give	gae tua	แก้ตัว
excuse me	kaw-thot	ขอโทษ
exercise (v)	awk gam-lang gai	ออกกำลังกาย
exhaust, vehicle	kwan rot	ควันรถ

121

ENGLISH-THAI DICTIONARY

exhausted/tired	phlia	เพลีย
exit (n)	thang awk	ทางออก
expand	ka-yai,	ขยาย
	ka-yai tua	ขยายตัว
expect that...	kat wa..., ga wa...	คาดว่า, กะว่า
expenses	ka chai-jai	ค่าใช้จ่าย
expensive	phaeng	แพง
experience (n)	pra-sop-gan	ประสบการณ์
experience (v)	pra-sop	ประสบ
experiment/test (v)	thot lawng	ทดลอง
expert (person)	phoo chio-chan,	ผู้เชี่ยวชาญ
	phoo cham-nan	ผู้ชำนาญ
expertly/well	geng	เก่ง
expired	mot a-yoo	หมดอายุ
explain	a-thee-bai	อธิบาย
explode/burst	ra-beuht	ระเบิด
export (v)	song awk	ส่งออก
expose (to rain/sun)	tak	ตาก
expose to the sun	tak daet	ตากแดด
express/show	sa-daeng	แสดง
express/urgent	duan	ด่วน
expressway	thang duan	ทางด่วน
extend	taw	ต่อ
extent, to what?	kae nai	แค่ไหน
extinct, become	soon phan	สูญพันธุ์
extra (leftover)	leua,	เหลือ
(in reserve)	sam-rong	สำรอง

ENGLISH-THAI DICTIONARY

(not in use)	wang	ว่าง
(to supplement)	seuhm	เสริม
eye	ta	ตา
eyebrow	kiu	คิ้ว
eyeglasses	waen ta	แว่นตา

F

face	na	หน้า
factory	rong-ngan	โรงงาน
faculty/section (of university)	ka-na	คณะ
fade/run (colors)	see tok	สีตก
fail an exam	sawp tok	สอบตก
faint	pen lom	เป็นลม
fair/just	yoot-tee-tham	ยุติธรรม
faithful (in love)	jai-dio	ใจเดียว
fake (adj)	plawm, mai thae	ปลอม, ไม่แท้
fake things/items	kawng plawm	ของปลอม
fall/drop down	tok	ตก
fall over/fall down	lom	ล้ม
falling tone (in Thai)	siang tho	เสียงโท
family	krawp-krua	ครอบครัว
famous	dang, mee cheu	ดัง, มีชื่อ
fan (n)	phat-lom	พัดลม
far	glai	ไกล

ENGLISH-THAI DICTIONARY

farm (n - rice field)	na	นา
(garden)	suan	สวน
(plantation)	rai	ไร่
farm a rice field (v)	tham na	ทำนา
(farm a garden)	tham suan	ทำสวน
(farm a plantation)	tham rai	ทำไร่
farmer	chao na	ชาวนา
fashion	fae-chun	แฟชั่น
fast/quickly	reo, reo-reo	เร็ว, เร็วๆ
fast/express/urgent	duan	ด่วน
fast and modern	sing	ซิ่ง
fat (adj)	uan	อ้วน
fat (n)	kai-mun	ไขมัน
father	phaw	พ่อ
father-in-law:		
husband's father	phaw sa-mee	พ่อสามี
wife's father	phaw ta	พ่อตา
feather(s)	kon	ขน
feed (animals - v)	liang	เลี้ยง
feel	roo-seuk	รู้สึก
feeling (n)	kwam roo-seuk	ความรู้สึก
female (animal)	tua mia	ตัวเมีย
fence	rua	รั้ว
ferry (n)	reua kam fak	เรือข้ามฟาก
fertilizer	pui	ปุ๋ย
festival	ngan,	งาน
	thayt-sa-gan	เทศกาล

124

ENGLISH-THAI DICTIONARY

fever, have	pen kai	เป็นไข้
field, rice	na, thoong na	นา, ทุ่งนา
field, sports/landing	sa-nam	สนาม
fierce	doo	ดุ
fight (army)	rop, soo-rop	รบ, สู้รบ
fight/have a falling out with each other	phit-jai gan	ผิดใจกัน
fight/have problem (with a person)	mee reuang	มีเรื่อง

(include *gap/gan* for "with/with each other")

fight/hit/punch	toi, chok, tee	ต่อย, ชก, ตี

(include *gap/gan* for "with/with each other")

fight/struggle	soo	สู้
fight over/take by force	yaeng	แย่ง
fighting fish	pla gat	ปลากัด
fill (a tooth)	oot	อุด
film	fim	ฟิล์ม
final/last	soot-thai	สุดท้าย
finally/in the end/ at last	nai thee-soot, phon soot-thai	ในที่สุด ผลสุดท้าย
find/found ("meet")	jeuh	เจอ
find/look for	ha	หา
fine (for infraction)	prap	ปรับ
fine/well	sa-bai, sa-bai dee	สบาย สบายดี
finger	niu	นิ้ว

ENGLISH-THAI DICTIONARY

fingernail	lep meu	เล็บมือ
finish/make finished	tham hai set	ทำให้เสร็จ
finished (task)	set, set laeo	เสร็จ, เสร็จแล้ว
finished/ended	jop, jop laeo	จบ, จบแล้ว
(something of defined duration)		
finished/used up	mot	หมด
fire (n)	fai	ไฟ
(build a fire)	gaw fai	ก่อไฟ
fire (as emergency)	fai mai	ไฟไหม้
fire, from job	lai awk	ไล่ออก
fireworks	dawk-mai fai	ดอกไม้ไฟ
first, before something else	gawn	ก่อน
first, in progression	(classifier) raek	แรก
first/at first	tawn raek	ตอนแรก
first/number one	thee neung	ที่หนึ่ง
first class/first floor	chan neung	ชั้นหนึ่ง
first time	krang raek	ครั้งแรก
first tone marker	mai ayk	ไม้เอก
fish	pla	ปลา
fish pond	baw pla	บ่อปลา
fisherman	kon ha pla	คนหาปลา
(formal)	chao pra-mong	ชาวประมง
fix/repair	sawm	ซ่อม
flag (of country)	thong (chat)	ธง(ชาติ)
flashlight	fai chai	ไฟฉาย
flat (land)	rap	ราบ

ENGLISH-THAI DICTIONARY

(objects)	baen	แบน
(surface)	riap	เรียบ
flat land	thee rap	ที่ราบ
flat tire	yang baen	ยางแบน
(leaking)	yang rua	ยางรั่ว
flavor	rot ("rote"),	รส
	rot chat	รสชาด
flirt (with)/court	jeep	จีบ
float	loi	ลอย
float down, on raft	lawng	ล่วง
floating market	ta-lat nam	ตลาดน้ำ
flood	nam thuam	น้ำท่วม
floor	pheun	พื้น
floor/story/level	chan	ชั้น
flour	paeng	แป้ง
flow	lai	ไหล
flower	dawk-mai	ดอกไม้
flower garland	phuang ma-lai	พวงมาลัย
flower pot	gra-thang	กระถาง
flu	kai wat yai	ไข้หวัดใหญ่
fluently/expertly	klawng	คล่อง
flute	klui	ขลุ่ย
fly (insect)	ma-laeng wan	แมลงวัน
fly (v)	bin	บิน
fog/mist	mawk	หมอก
fold (v)	phup	พับ
follow	tam	ตาม

ENGLISH-THAI DICTIONARY

food	a-hanj	อาหาร
food eaten with drinks	gáp glaem	กับแกล้ม
food poisoning	a-hanj pen phit	อาหารเป็นพิษ
foot	thao	เท้า
football/soccer	foot-bawn	ฟุตบอล
for/for the sake of	pheua	เพื่อ
for/to give to	hâi, sǎmj-ràp	ให้, สำหรับ
for example	chên...	เช่น
for rent	hâi chao	ให้เช่า
forbid/prohibit	ham	ห้าม
force (v)	bang-kap	บังคับ
foreign (things)	nawk, tang prà-thet	นอก ต่างประเทศ
foreign country	tang prà-thet	ต่างประเทศ
foreigner	kon tang prà-thet	คนต่างประเทศ
(Westerner)	fa-rang	ฝรั่ง
forest	pa, pa mai	ป่า, ป่าไม้
forever	tà-lawt pai, sà-meuhj	ตลอดไป เสมอ
forget	leum	ลืม
forgive	yok thot, hâi à-phai	ยกโทษ ให้อภัย
fork	sawm	ส้อม
form (to fill out)	fawm	ฟอร์ม
formal/official	thang-gan	ทางการ

ENGLISH-THAI DICTIONARY

fortune teller	maw̌ doo	หมอดู
fountain	nam phoo̊	น้ำพุ
fourth tone marker	mai jat-ta-wa	ไม้จัตวา
fragile/easily broken	taek ngai̊	แตกง่าย
frame (picture)	grawp	กรอบ
France	Fa-rang-set	ฝรั่งเศส
free, include with a purchase (v)	thaem̌	แถม
free, no charge	"free"	ฟรี
free, not busy	wanǧ	ว่าง
free/have freedom	eet-sa-ra, mee eet-sa-ra	อิสระ, มีอิสระ
free time	way-la wang	เวลาว่าง
freedom	eet-sa-ra-phap	อิสระภาพ
freedom/liberty	say̌-ree-phap	เสรีภาพ
fresh	sot	สด
fresh water	nam jeut	น้ำจืด
friend	pheuan	เพื่อน
friendly/casual	pen gan ayng	เป็นกันเอง
friendly/kind	jai-dee	ใจดี
friendship	mit-tra-phap	มิตรภาพ
frightened/afraid	glua	กลัว
frightened/startled	tok-jai	ตกใจ
frightening	na glua	น่ากลัว
frog	gop	กบ
from	jak	จาก
from...to... (time)	tang-tae...theunǧ...	ตั้งแต่...ถึง

129

ENGLISH-THAI DICTIONARY

front/in front	kang na	ข้างหน้า
fruit	phon-la-mai	ผลไม้
fry, in a lot of oil	thawt	ทอด
fry/stir-fry	phat	ผัด
frying pan/wok	gra-tha	กระทะ
full (container)	tem	เต็ม
full, from eating	im	อิ่ม
fun/enjoyable	sa-nook	สนุก
funds/capital	thoon	ทุน
funeral	ngan sop	งานศพ
funny	ta-lok	ตลก
fur	kon	ขน
furniture	feuh-nee-jeuh	เฟอร์นิเจอร์
fussy/picky	joo-jee,	จู้จี้
	jook-jik	จุกจิก
future	a-na-kot	อนาคต

G

gamble (v)	len gan pha-nan	เล่นการพนัน
gangster	nak layng	นักเลง
garage	rong rot	โรงรถ
garage/workshop	oo	อู่
garbage	ka-ya	ขยะ
garbage can	thang ka-ya	ถังขยะ
garden	suan	สวน
gas (for cooking)	gaet, gaes	ก๊าซ, แก๊ส

130

ENGLISH-THAI DICTIONARY

gas station	pum nam-mun	ปั๊มน้ำมัน
gasoline	nam-mun	น้ำมัน
gate/door	pra-too	ประตู
gecko	jing-jok	จิ้งจก
gemstone	phloi	พลอย
gender	phet	เพชร
general (adj)	thua pai	ทั่วไป
generation	roon	รุ่น
generous/thoughtful	mee nam-jai	มีน้ำใจ
genuine	thae	แท้
genuine item	kawng thae	ของแท้
germ	cheua	เชื้อ
Germany	Yeuh-ra-mun	เยอรมัน
get/acquire	dai	ได้
get/receive	dai, rap, dai rap	ได้, รับ, ได้รับ
get/take away	ao	เอา
get dressed	sai seua-pha, taeng tua	ใส่เสื้อผ้า แต่งตัว
get lost	long thang	หลงทาง
get married	taeng-ngan	แต่งงาน
get off/get out (of a vehicle)	long	ลง
get on/get in (a vehicle)	keun	ขึ้น
get ready/prepare	triam, triam tua	เตรียม เตรียมตัว
get up/stand up	look, look keun	ลุก, ลุกขึ้น

131

ENGLISH-THAI DICTIONARY

get up from sleeping	teun nawn	ตื่นนอน
ghost	phee	ผี
giant/ogre	yak	ยักษ์
gift	kawng-kwan	ของขวัญ
ginseng	som	โสม
girl	dek phoo-ying	เด็กผู้หญิง
girl/young woman	sao	สาว
girlfriend	faen	แฟน
give	hai, ao hai	ให้, เอาให้
(formal)	mawp,	มอบ
	mawp hai	มอบให้
give an example	yok tua yang	ยกตัวอย่าง
give back/return	keun	คืน
give birth	awk look	ออกลูก
(proper term)	klawt look	คลอดลูก
give out/give away	jaek	แจก
glass, drinking	gaeo	แก้ว
glass, window	gra-jok	กระจก
glasses	waen ta	แว่นตา
glue	gao	กาว
go	pai	ไป
go across	kam	ข้าม
go ahead and...	(verb) leuy	เลย
go back	glap, glap pai	กลับ, กลับไป
go down/descend	long	ลง
go down/reduce	lot	ลด

ENGLISH-THAI DICTIONARY

go home	glap ban	กลับบ้าน
go in/enter	kao̊	เข้า
go out/emerge	awk	ออก
go out for fun	pai thio	ไปเที่ยว
go to school/be a student	rian nang-seuj	เรียนหนังสือ
go to see (person)	pai haj, yiam	ไปหา, เยี่ยม
go to see a doctor	pai haj mawj	ไปหาหมอ
go to sleep	nawn	นอน
go up/rise	keun	ขึ้น
goal (in football)	pra-too	ประตู
goal (long-term)	joot-moong-maij	จุดมุ่งหมาย
(short-term)	joot-pra-songj	จุดประสงค์
(target)	pao-maij	เป้าหมาย
goat	phae	แพะ
God	Phra-jao	พระเจ้า
godfather (mafia)	jao phaw	เจ้าพ่อ
gold	thawng	ทอง
gold color	seej thawng	สีทอง
golf	gawp	กอล์ฟ
golf course	sa-namj gawp	สนามกอล์ฟ
gone, disappeared	haij	หาย
gone, left already	pai laeo	ไปแล้ว
gone/used up	mot	หมด
gong	kawng	ฆ้อง
good	dee	ดี
(for music)	phraw	เพราะ

ENGLISH-THAI DICTIONARY

good-smelling	hawm	หอม
good luck	chok dee	โชคดี
good mood	a-rom dee	อารมณ์ดี
good night (formal)	ra-tree sa-wat	ราตรีสวัสดิ์
goods	sin-ka	สินค้า
goose	han	ห่าน
gossip (mostly bad)	nin-tha	นินทา
government (local)	thayt-sa-ban	เทศบาล
(national)	rat-tha-ban	รัฐบาล
government worker	ka-rat-cha-gan	ข้าราชการ
grade/class/level	chan	ชั้น
gradually/gently	koi-koi	ค่อย ๆ
graduate (v)	jop, rian jop	จบ, เรียนจบ
grammar	wai-ya-gawn	ไวยกรณ์
grandchild/children	lan	เหลน
grandfather:		
maternal	ta	ตา
paternal	poo	ปู่
grandmother:		
maternal	yai	ยาย
paternal	ya	ย่า
grass	ya	หญ้า
grasshopper	tak-ga-taen	ตั๊กแตน
gray	see thao	สีเทา
greedy	lop, la-mop	โลภ, ละโมบ
greedy/stingy	ngok	งก
green	see kio	สีเขียว

ENGLISH-THAI DICTIONARY

group, music	wong don-tree	วงดนตรี
group, of people	gloom	กลุ่ม
grow, for people	to keun	โตขึ้น
grow, for plants	keun	ขึ้น
grow/plant/cultivate	plook	ปลูก
guarantee (v)	rap-pra-gan	รับประกัน
(vouch for)	rap-rawng	รับรอง
guard (v)	fao	เฝ้า
guard/watchman	yam	ยาม
guess	dao, thai	เดา, ทาย
guest	kaek	แขก
guide (n)	gai	ไกด์
(formal)	ma-koo-thayt	มัคคุเทศก์
guilty/wrong	phit	ผิด
guitar	gee-ta	กีตาร์
gulf/bay	ao	อ่าว
gum/chewing gum	mak fa-rang	หมากฝรั่ง
gun	peun	ปืน

H

hail/hailstones	look hep	ลูกเห็บ
hair, on body	kon	ขน
hair, on head	phom	ผม
hair style	song phom	ทรงผม
half (of something)	kreung (classifier)	ครึ่ง
half/one-half	kreung neung	ครึ่งหนึ่ง

ENGLISH-THAI DICTIONARY

hammer	kawn	ม้อน
hand	meu	มือ
handbook/manual	koo meu	คู่มือ
handicapped person	kon phee-gan	คนพิการ
handicrafts	hat-tha-gam	หัตถกรรม
handsome	law, roop law	หล่อ, รูปหล่อ
handwriting	lai meu	ลายมือ
hang	kwaen	แขวน
hanger (clothes)	mai kwaen seua	ไม้แขวนเสื้อ
hangover	mao kang	เมาค้าง
happen	geuht, geuht keun	เกิด, เกิดขึ้น
happy (general)	mee kwam-sook	มีความสุข
(contented)	sa-bai-jai	สบายใจ
(glad)	dee-jai	ดีใจ
hard (opp. soft)	kaeng	แข็ง
hard/difficult	yak	ยาก
hard-working	ka-yan	ขยัน
harvest rice	gio kao	เกี่ยวข้าว
hat	muak	หมวก
hate	gliat,	เกลียด
	rang-giat	รังเกลียด
have	mee	มี
have a baby	awk look	ออกลูก
(proper term)	klawt look	คลอดลูก
have the chance	mee o-gat	มีโอกาส
have to/must	tawng (verb)	ต้อง
head	hua	หัว

136

ENGLISH-THAI DICTIONARY

headache	puat hua	ปวดหัว
health	sook-ka-phap	สุขภาพ
healthy	sook-ka-phap dee	สุขภาพดี
hear	dai yin	ได้ยิน
hear news	dai yin kao	ได้ยินข่าว
heart	hua-jai	หัวใจ
heart/mind	jai	ใจ
heart attack	hua-jai wai	หัวใจวาย
heaven	sa-wan	สวรรค์
heavy/heavily	nak	หนัก
height/altitude	kwam-soong	ความสูง
hell	na-rok	นรก
helmet	muak gan nawk	หมวกกันน็อก
help (v)	chuay,	ช่วย
	chuay leua	ช่วยเหลือ
hepatitis	rok tap ak-sayp	โรคตับเอกเสบ
herb/herbal	sa-moon-phrai	สมุนไพร
here	thee-nee	ที่นี่
heritage/inheritance	maw-ra-dok	มรดก
hermit	reu-see	ฤาษี
heroin	hay-ro-een,	เฮโรอีน
	phong kao	ผงขาว
herself	kao ayng	เขาเอง
hide	sawn	ซ่อน
high/tall	soong	สูง
high school	mat-tha-yom	มัธยม
	seuk-sa	ศึกษา

137

ENGLISH-THAI DICTIONARY

high tone (in Thai)	siang tree	เสียงตรี
hilltribe person	chao kao	ชาวเขา
himself	kao ayng	เขาเอง
hip/hips	ta-phok	ตะโพก
hire	jang, rap	จ้าง, รับ
history	pra-wat-sat	ประวัติศาสตร์
hit/bump into	chon	ชน
hit/punch/box	tee, toi, chok	ตี, ต่อย, ชก
hoe (n)	jawp	จอบ
hold	jap, theu	จับ, ถือ
hold/embrace	gawt	กอด
hole	roo	รู
holiday/day off	wan yoot	วันหยุด
holy/sacred	sak-sit	ศักดิ์สิทธิ์
home	ban	บ้าน
homeless child	dek ray-rawn	เด็กเร่ร่อน
homesick	kit theung ban	คิดถึงบ้าน
homework	gan-ban	การบ้าน
homosexual, female	thawm	ทอม
homosexual, male	gay, ga-theuy	เกย์, กะเทย
honest	seu-sat, seu	ชื่อสัตย์, ชื่อ
honey	nam pheung	น้ำผึ้ง
Hong Kong	Hawng Gong	ฮ่องกง
honor/dignity	sak-see	ศักดิ์ศรี
honor/distinction/	giat,	เกียรติ
prestige	giat-tee-yot	เกียรติยศ
hook, for fishing	bet	เบ็ด

ENGLISH-THAI DICTIONARY

hope that...	wang wa...	หวังว่า
horoscope, consult	doo duang	ดูดวง
horse	ma	ม้า
hospital	rong-pha-ya-ban	โรงพยาบาล
hostage	tua pra-gan	ตัวประกัน
hot (temperature)	rawn	ร้อน
hot/spicy	phet	เผ็ด
hot-tempered	jai-rawn	ใจร้อน
hot season	na rawn	หน้าร้อน
(more formal)	reu-doo rawn	ฤดูร้อน
hotel	rong-raem	โรงแรม
hour	chua-mong	ชั่วโมง
house	ban	บ้าน
housewife	mae ban	แม่บ้าน
housework	ngan ban	งานบ้าน
how? (informal)	yang-ngai	ยังไง
(formal)	yang-rai	อย่างไร
how long?	nan thao-rai	นานเท่าไร
how many?	gee (classifier)	กี่
how many times?	gee krang	กี่ครั้ง
how much?	thao-rai	เท่าไร
how much/to what extent?	kae nai	แค่ไหน
hug/embrace	gawt	กอด
human being	ma-noot	มนุษย์
human rights	sit-thee-ma-noot-sa-ya-chon	สิทธิมนุษยชน

ENGLISH-THAI DICTIONARY

humid and hot	op-ao	อบอาว
hungry	hiu, hiu kao	หิว, หิวข้าว
hunt (animals)	la sat	ล่าสัตว์
hurry	reep	รีบ
hurt/injured	bat jep	บาดเจ็บ
hurt/it hurts	jep	เจ็บ
hurt/sting	saep	แสบ
husband	faen, sa-mee	แฟน, สามี

I

I/me (for men)	phom	ผม
I/me (for women, informal)	chan	ฉัน
ice	nam kaeng	น้ำแข็ง
I.D. card, general	bat pra-jam tua	บัตรประจำตัว
I.D. card, Thai	bat pra-cha-chon	บัตรประชาชน
idea/concept	kwam-kit	ความคิด
if	tha	ถ้า
ill/not well	mai sa-bai, puay	ไม่สบาย, ป่วย
illegal	phit got-mai	ผิดกฎหมาย
immediately	(verb) leuy, than-thee	เลย ทันที
immigration office	gawng truat kon kao meuang	กองตรวจคนเข้าเมือง

ENGLISH-THAI DICTIONARY

impolite	mai soo-phap	ไม่สุภาพ
import (v)	nam kao	นำเข้า
important	samj-kan	สำคัญ
impossible	pen pai mai dai	เป็นไปไม่ได้
impressed (by)	pra-thap-jai	ประทับใจ
improve/make better	prap-proong	ปรับปรุง
improved/better	dee keun	ดีขึ้น
in (in two days)	eeg (time)	อีก
in/at	thee, yoo, yoo thee	ที่, อยู่, อยู่ที่
in/inside	nai, kang nai	ใน, ข้างใน
in a long time	eeg nan	อีกนาน
in a moment	dioj	เดี๋ยว
in advance	luang na	ล่วงหน้า
in front of/facing	kang na	ข้างหน้า
in general	doy thua pai	โดยทั่วไป
in order to	pheua	เพื่อ
in past times	sa-maij gawn	สมัยก่อน
in style/up-to-date	than sa-maij	ทันสมัย
in the daytime	glang wan, tawn glang wan	กลางวัน ตอนกลางวัน
in the future	nai a-na-kot	ในอนาคต
in the past/before	meua-gawn	เมื่อก่อน
incense	thoop	ธูป
inch	niu	นิ้ว
include/including	ruam	รวม

141

ENGLISH-THAI DICTIONARY

income	rai dai	รายได้
increase/raise	pheuhm,	เพิ่ม
	keun	ขึ้น
independence	eet-sa-ra-phap	อิสระภาพ
independent (to	pen tua kawng	เป็นตัวของ
describe a person)	tua ayng	ตัวเอง
India	In-dia	อินเดีย
Indian/Muslim	Kaek	แขก
indifferent(ly)	cheuy-cheuy	เฉย ๆ
Indonesia	In-do-nee-sia	อินโดนีเซีย
industry	oot-sa-ha-gam	อุตสาหกรรม
infected/inflamed	ak-sayp	อักเสบ
inflation	ngeuhn feuh	เงินเฟ้อ
inform (police)	jaeng	แจ้ง
information	kaw-moon	ข้อมูล
ingredients	suan pa-som	ส่วนผสม
inject medicine	cheet ya	ฉีดยา
injured/hurt	jep,	เจ็บ
	bat-jep	บาดเจ็บ
inner tube	yang nai	ยางใน
innocent/pure	baw-ree-soot	บริสุทธิ์
insect	ma-laeng	แมลง
insecticide	ya ka ma-laeng	ยาฆ่าแมลง
inside	kang nai,	ข้างใน
	phai nai	ภายใน
inspect	truat	ตรวจ
installment, pay by	jai pen nguat	จ่ายเป็นงวด

ENGLISH-THAI DICTIONARY

instead (of)/to replace	thaen, thaen thee	แทน, แทนที่
instead/would be better to...	(verb) dee gwa	ดีกว่า
institute	sa-tha-ban	สถาบัน
insult/look down on	doo thook	ดูถูก
insurance, health	pra-gan sook-ka-phap	ประกันสุขภาพ
insurance, life	pra-gan chee-wit	ประกันชีวิต
intelligent	cha-lat	ฉลาด
intend/do on purpose	tang-jai, jayt-ta-na	ตั้งใจ, เจตนา
intend/set mind to	tang-jai	ตั้งใจ
interest (bank/loan)	dawk bia	ดอกเบี้ย
interested (in)	son-jai	สนใจ
interesting	na son-jai	น่าสนใจ
international	na-na-chat	นานาชาติ
intersection, 3-way	sam yaek	สามแยก
intersection, 4-way	see yaek	สี่แยก
interview	sam-phat	สัมภาษณ์
introduce	nae-nam	แนะนำ
invade/attack	book, book-rook	บุก, บุกรุก
invest	long thoon	ลงทุน
investigate	seup, seup-suan, sawp-suan	สืบ, สืบสวน, สอบสวน

143

ENGLISH-THAI DICTIONARY

investment	gan long thoon	การลงทุน
invite	chuan, cheuhn	ชวน, เชิญ
involve/involved	gio (kawng)	เกี่ยว(ข้อง)
involved/entangled	yoong (gap)	ยุ่ง(กับ)
(entangling)	woon-wai	วุ่นวาย
iron (metal)	lek	เหล็ก
iron (n - for clothes)	tao reet	เตารีด
iron (v - clothes)	reet	รีด
irrigation	chon-rap-pra-than	ชลประทาน
irritated	ngoot-ngit	หงุดหงิด
Islam	sat-sa-na It-sa-lam	ศาสนาอิสลาม
island	gaw	เกาะ
it	mun	มัน
Italy	It-ta-lee	อิตาลี
itch/itchy	kun	คัน
ivory/tusk	nga, nga chang	งา, งาช้าง

J

jacket/coat/sweater	seua gan nao	เสื้อกันหนาว
jade	yok	หยก
Japan	Yee-poon	ญี่ปุ่น
jar (for water)	toom	ตุ่ม
jasmine flower	dawk ma-lee	ดอกมะลิ
jealous (in love)	heung	หึง
jealous/envious	eet-cha	อิจฉา

144

ENGLISH-THAI DICTIONARY

jeans	gang-gayng yeen	กางเกงยีนส์
jellyfish	maeng gà-proon	แมงกะพรุน
Jesus	Phra Yay-soo	พระเยซู
jewelry	kreuang prà-dáp	เครื่องประดับ
job/work	ngan	งาน
joke (v)	phoot lén	พูดเล่น
Judaism	sàt-sà-nă Yiu	ศาสนายิว
judge (n)	phoo phee-phak-să	ผู้พิพากษา
jump	grà-dot	กระโดด
just (did)	pheung (verb)	เพิ่ง
just about to (do)	glaî jà (verb),	ใกล้จะ
	geuap jà (verb)	เกือบจะ

K

kangaroo	jing-jŏ	จิงโจ้
kapok	noon	นุ่น
karma	gam	กรรม
keep	ao waí	เอาไว้
keep/preserve	rák-să,	รักษา
	à-noo-rák	อนุรักษ์
keep doing/do continuously	reuay-reuay	เรื่อย ๆ
kettle	ga, ga nam	กา, กาน้ำ
key	goon-jae	กุญแจ
Khmer	Kà-men	เขมร
(ancient Khmer)	Kawm	ขอม

ENGLISH-THAI DICTIONARY

kick	tay	เตะ
kidney	tai	ไต
kill	ka	ฆ่า
kilogram	gee-lo-gram, lo	กิโลกรัม, โล
kilometer	gee-lo-met	กิโลเมตร
kind/nice	jai-dee	ใจดี
kind/type	baep, pra-phayt	แบบ, ประเภท
(larger units, second more formal)		
kind/type	yang, cha-nit	อย่าง, ชนิด
(smaller units, second more formal)		
king	nai luang	นายหลวง
(formal)	ga-sayt	กษัตริย์
kiss, on the mouth	joop	จูบ
kiss, Thai-style	hawm	หอม
kitchen	hawng krua	ห้องครัว
kite	wao	ว่าว
kite fighting	kaeng wao	แข่งว่าว
kitten	look maeo	ลูกแมว
knee	hua kao	หัวเข่า
knife	meet	มีด
know (general)	roo	รู้
(person/place)	roo-jak	รู้จัก
(polite term)	sap	ทราบ
knowledge	kwam-roo	ความรู้
Koran	An Goo-ra-an	อัลกุรอาน
Korea	Gao-lee	เกาหลี
Krathong holiday	loi gra-thong	ลอยกระทง

146

ENGLISH-THAI DICTIONARY

L

labor	raeng ngan	แรงงาน
laborer	gam-ma-gawn	กรรมกร
lack	kat	ขาด
ladder/stairs	bun-dai	บันได
lake	tha-lay sap	ทะเลสาบ
lamp	kom fai	โคมไฟ
land (piece of land)	thee-din	ที่ดิน
land measuring unit (1600 sq. meters)	rai	ไร่
landlord/landlady	jao kawng ban	เจ้าของบ้าน
lane/side street	soi	ซอย
language	pha-sa	ภาษา
lantern	ta-giang	ตะเกียง
Laos	pra-thet Lao, meuang Lao	ประเทศลาว เมืองลาว
last/endure	thon	ทน
last/final	soot-thai	สุดท้าย
last/former/old	gao	เก่า
last/most recent	la-soot	ล่าสุด
last/previous	thee laeu, gawn	ที่แล้ว, ก่อน
last month	deuan thee laeo	เดือนที่แล้ว
last name	nam sa-goon	นามสกุล
last night	meua-keun-nee	เมื่อคืนนี้
last week	a-thit thee laeo	อาทิตย์ที่แล้ว
last year	pee thee laeo	ปีที่แล้ว

ENGLISH-THAI DICTIONARY

late, at night	deuk	ดึก
late/not on time	cha, mai than, sai	ช้า, ไม่ทัน, สาย
later/next time	thee lang	ทีหลัง
latest/most recent	la-soot	ล่าสุด
laugh	hua-raw	หัวเราะ
law	got-mai	กฎหมาย
lawyer	tha-nai (kwam)	ทนาย(ความ)
lazy	kee-giat	ขี้เกียจ
leader	phoo nam	ผู้นำ
leaf	bai mai	ใบไม้
learn	rian, rian roo	เรียน, เรียนรู้
leather/hide	nang	หนัง
leave	awk, awk pai	ออก, ออกไป
leave (something for safekeeping)	fak	ฝาก
leave (thing/person at a place)	ao wai, thing wai	เอาไว้, ทิ้งไว้
leave/forget (thing at a place)	leum	ลืม
left (side)	sai	ซ้าย
left/leftover	leua	เหลือ
leg	ka	ขา
legal (opp. illegal)	thook got-mai	ถูกกฎหมาย
lend ("let borrow")	hai yeum	ให้ยืม
less/fewer (than)	noi gwa	น้อยกว่า
let/allow	hai (verb)	ให้

148

ENGLISH-THAI DICTIONARY

(more formal)	a-noo-yat	อนุญาต
let go/release	ploi	ปล่อย
let's...	(verb) gan theuh	กันเถอะ
letter	jot-mai	จดหมาย
letter, of alphabet	tua	ตัว
level (n)	ra-dap	ระดับ
level/grade/floor	chan	ชั้น
library	hawng sa-moot	ห้องสมุด
lick	lia	เลีย
lid/top	fa	ฝา
lie/tell a lie	go-hok	โกหก
lie down	nawn	นอน
lie down and relax	nawn len	นอนเล่น
life	chee-wit	ชีวิต
lift, something large	yok	ยก
lift, something small	yip	หยิบ
light, a fire (v)	joot	จุด
light, for colors	awn	อ่อน
light, from a source	saeng fai	แสงไฟ
light, in weight	bao	เบา
light/lights, electric	fai	ไฟ
light bulb	lawt fai	หลอดไฟ
lighter	fai chaek	ไฟแช็ค
lightning	fa laep	ฟ้าแลบ
like (to)	chawp	ชอบ
like/pleased by	thook-jai	ถูกใจ
like/similar	klai-klai gan	คล้าย ๆ กัน

ENGLISH-THAI DICTIONARY

like/similar to	klai-klai...	คล้าย ๆ
like/the same	meuan gan	เหมือนกัน
like/the same as	meuan...	เหมือน
like more/prefer	chawp mak gwa	ชอบมากกว่า
like that/in that way	yang-ngan	ยังนั้น
like this/in this way	yang-ngee	ยังนี้
limit/limited	jam-gat	จำกัด
limit/stipulate	gam-not	กำหนด
line	sen	เส้น
line/queue	kiu	คิว
lion	sing to	สิงโต
lips	rim fee pak	ริมฝีปาก
liquor	lao	เหล้า
(formal)	soo-ra	สุรา
list/program	rai-gan	รายการ
listen (to)	fang	ฟัง
listen to music	fang phlayng	ฟังเพลง
liter	leet	ลิตร
literature	wan-na-ka-dee	วรรณคดี
litter (v)	thing ka-ya	ทิ้งขยะ
little (size)	lek	เล็ก
little/a little (am't)	noi, nit noi	น้อย, นิดหน่อย
live at/be at	yoo	อยู่
liver	tap	ตับ
living room	hawng rap kaek	ห้องรับแขก
lizard (chameleon)	ging-ga	กิ้งก่า
lizard (gecko)	jing-jok	จิ้งจก

ENGLISH-THAI DICTIONARY

lizard (large house)	took-gae	ตุ๊กแก
local/locality	thawng thin	ท้องถิ่น
local/native	pheun meuang	พื้นเมือง
lock (n)	goon-jae	กุญแจ
lock (v)	lawk	ล็อก
lonely	ngao	เหงา
long (in length)	yao	ยาว
long (time)	nan	นาน
long distance, call	tho thang glai	โทรทางไกล
look (at)	doo	ดู
look down on/insult	doo thook	ดูถูก
look for	ha	หา
look like	doo meuan	ดูเหมือน
loose	luam	หลวม
lose (to - in game)	phae	แพ้
lose/cause to be lost	tham hai	ทำหาย
lose face	sia na	เสียหน้า
lose money in business	kat thoon	ขาดทุน
lose weight	lot kwam uan, lot nam-nak	ลดความอ้วน ลดน้ำหนัก
lose your way	long thang	หลงทาง
lost/gone	hai	หาย
lottery	lawt-ta-ree, huay	ล็อตตาลี่ หวย
lotus flower	dawk bua	ดอกบัว

ENGLISH-THAI DICTIONARY

loud/loud noise	siang dang	เสียงดัง
loud/loudly	dang	ดัง
love (v)	rak	รัก
low	tam	ต่ำ
low tone (in Thai)	siang ayk	เสียงเอก
luck	chok	โชค
lucky/good luck	chok dee	โชคดี
lunch	a-han glang wan	อาหารกลางวัน
lunch break	phak thiang	พักเที่ยง
lung(s)	pawt	ปอด
luxurious	foom-feuay	ฟุ่มเฟือย

M

machine/engine	kreuang	เครื่อง
machinery	kreuang jak	เครื่องจักร
mad/crazy	ba	บ้า
made by/of...	tham duay...	ทำด้วย
magazine	nang-seu, nit-ta-ya-san	หนังสือนิตยสาร
magic/magical arts	sai-ya-sat	ไสยศาสตร์
magical	wee-set	วิเศษ
majority	suan mak, suan yai	ส่วนมาก ส่วนใหญ่
make/cause	hai..., tham hai...	ให้, ทำให้
make/do	tham	ทำ

ENGLISH-THAI DICTIONARY

make a mistake	phit, tham phit	ผิด, ทำผิด
make money	ha̯ ngeu̇hn, dai̯ ngeu̇hn	หาเงิน, ได้เงิน
make up your face	taeng na̯	แต่งหน้า
malaria	ma-la-ria	มาเลเรีย
Malaysia	Ma-lay-sia	มาเลเชีย
male (animal)	tua phoo̯	ตัวผู้
man	phoo̯-chai	ผู้ชาย
man, young	noom	หนุ่ม
manage	jat-gan	จัดการ
manager	phoo̯ jat-gan	ผู้จัดการ
manners/behavior	nee-sai̯	นิสัย
manners/etiquette	ma-ra-yat̯	มารยาท
manufacture	pha̯-lit	ผลิต
many/a lot	mak̯, yeuh, lai̯ (classifier)	มาก, เยอะ หลาย
map	phaen̯ thee̯	แผนที่
marijuana	gan-cha	กัญชา
marinate	mak̯	หมัก
market	ta̯-lat	ตลาด
market, food	ta̯-lat sot̯	ตลาดสด
marriage license	tha̯-bian som̯-rot̯	ทะเบียนสมรส
married	taeng-ngan laoo	แต่งงานแล้ว
marry	taeng-ngan	แต่งงาน
massage	nuat̯	นวด
massage, traditional	nuat̯ phaen̯ bo-ran	นวดแผนโบราณ

153

ENGLISH-THAI DICTIONARY

masseur/masseuse	maw nuat	หมอนวด
master's degree	prin-ya tho	ปริญญาโท
mat	seua	เสื่อ
match/go together	kao gan	เข้ากัน
matches	mai keet fai	ไม้ขีดไฟ
materials	wat-sa-doo	วัสดุ
mathematics	ka-nit-sat, lek	คณิตศาสตร์, เลข
matter/subject/ problem	reuang	เรื่อง
mattress	thee-nawn	ที่นอน
maybe	bang-thee	บางที
meal	meu	มื้อ
mean/means that...	mai-kwam wa...	หมายความว่า
mean/unscrupulous	jai-dam	ใจดำ
meaning	kwam-mai	ความหมาย
measure (v)	wat	วัด
meat	neua	เนื้อ
mechanic	chang sawm rot	ช่างซ่อมรถ
medicine	ya	ยา
(field of study)	gan phaet	การแพทย์
meditate	nang sa-ma-thee	นั่งสมาธิ
meet (planned)	phop	พบ
meet (unplanned)	jeuh	เจอ
meet/have meeting	pra-choom	ประชุม
meeting	gan pra-choom	การประชุม
melt/dissolve	la-lai	ละลาย
member	sa-ma-chik	สมาชิก

154

ENGLISH-THAI DICTIONARY

member of parliament	phoo-thaen, saw-saw	ผู้แทน ส.ส.
menstruation	pra-jam deuan	ประจำเดือน
mermaid	nang ngeuak	นางเงือก
message	kaw-kwam	ข้อความ
messy/overgrown	rok ("roke")	รก
metal	lo-ha	โลหะ
meter (metric)	met	เมตร
method	wi-thee, wi-thee-gan	วิธี, วิธีการ
mid tone (in Thai)	siang sa-mun	เสียงสามัญ
middle	glang	กลาง
Middle East	Ta-wan awk glang	ตะวันออกกลาง
might	at ja (verb)	อาจจะ
military base	gawng thap bok	กองทัพบก
milk	nom	นม
mind/heart	jai	ใจ
mind/object to	rang-giat	รังเกียด
mind/thinking	jai, jit-jai	ใจ, จิตใจ
mindfulness (in Buddhism)	sa-ma-thee	สมาธิ
minister, gov't	rat-tha-mon tree	รัฐมนตรี
ministry, gov't	gra-suang	กระทรวง
minority	suan noi	ส่วนน้อย
minus	lop	ลบ
minute	na-thee	นาที
mirror	gra-jok	กระจก

ENGLISH-THAI DICTIONARY

miss, person/place	kit theung	คิดถึง
miss/lack	kat	ขาด
missing/disappeared	hai	หาย
mistake/mistaken	phit	ผิด
mistress ("minor wife")	mia noi	เมียน้อย
misunderstand	kao-jai phit	เข้าใจผิด
mix	pha-som, ruam, pon	ผสม, รวม, ปน
mobile phone	meu theu	มือถือ
model, female	nang baep	นางแบบ
model, male	nai baep	นายแบบ
model, of car/etc	roon	รุ่น
modern/new-style	sa-mai mai	สมัยใหม่
modern/prosperous	ja-reuhn	เจริญ
modern/up-to-date	than sa-mai	ทันสมัย
Mohammed	Mo-ha-mut	มูฮำหมัด
Mon (ethnic group)	Mawn	มอญ
money	ngeuhn	เงิน
monk	phra	พระ
(novice monk)	nayn, sam-ma-nayn	เณร, สามเณร
monk's quarters	goo-tee	กุฏิ
monkey	ling	ลิง
month	deuan	เดือน
monument	a-noo-sa-wa-ree	อนุสาวรีย์
mood/emotion	a-rom	อารมณ์

ENGLISH-THAI DICTIONARY

moon	phra jan	พระจันทร์
moonlight	saeng jan	แสงจันทร์
mop (n)	mai thoo pheun	ไม้ถูพื้น
mop the floor	thoo pheun	ถูพื้น
morals	seen-tham	ศีลธรรม
more/additional/ again	eeg	อีก
more/another one	eeg un neung	อีกอันหนึ่ง
more/increase/ raise	pheuhm, pheuhm keun	เพิ่ม เพิ่มขึ้น
more than	mak gwa	มากกว่า
morning/in the morning	tawn chao	ตอนเช้า
mortar (pound food)	krok	ครก
mosque	soo-rao, mas-yeet	สุเหร่า มัสยิด
mosquito	yoong	ยุง
mosquito net	moong	มุ้ง
(set up net)	gang moong	กางมุ้ง
mosquito repellant	ya gan yoong	ยากันยุง
most/mostly/the greater part	suan mak, suan yai	ส่วนมาก ส่วนใหญ่
most/the most	mak thee soot	มากที่สุด
mother	mae	แม่
mother-in-law:		
husband's mother	mae sa-mee	แม่สามี
wife's mother	mae yai	แม่ยาย

ENGLISH-THAI DICTIONARY

motorcycle	maw-teuh-sai	มอเตอร์ไซด์
motorcycle helmet	muak gan nawk	หมวกกันน็อก
mountain	phoo-kao	ภูเขา
mouse/rat	noo	หนู
moustache	nuat	หนวด
mouth	pak	ปาก
move	leuan	เลื่อน
move, over/slightly	ka-yap	ขยับ
move/wriggle	din	ดิ้น
move residence	yai, yai ban	ย้าย, ย้ายบ้าน
movie	nang,	หนัง
(formal)	phap-pha-yon	ภาพยนต์
movie star	da-ra nang	ดาราหนัง
(leading man)	phra ayk	พระเอก
(leading woman)	nang ayk	นางเอก
movie theater	rong-nang	โรงหนัง
MSG	phong choo rot	ผงชูรส
mucous	kee mook	ขี้มูก
mud	klon	โคลน
murder (n)	kat-ta-gam	ฆาตกรรม
murder/kill	ka	ฆ่า
muscle	glam	กล้าม
museum	phee-phit-tha-phan	พิพิธภัณฑ์
music	don-tree	ดนตรี
(songs)	phlayng	เพลง
musical instrument	kreuang don-tree	เครื่องดนตรี
musician	nak don-tree	นักดนตรี

ENGLISH-THAI DICTIONARY

Muslim	Moot-sà-lim	มุสลิม
Muslim/Indian	Kaek	แขก
must/have to	tawng (verb)	ต้อง
(strong meaning)	jam-pen	จำเป็น
mute person	kon bai	คนใบ้
Myanmar	Phà-mà	พม่า
myself (for female)	chan ayng	ฉันเอง
myself (for male)	phom ayng	ผมเอง

N

Naga (serpent)	nak	นาก
nail	tà-poo	ตะปู
naked/nude	pleuay	เปลือย
name	cheu	ชื่อ
name, last	nam sà-goon	นามสกุล
narrow/cramped	kaep	แคบ
narrow-minded/	jai-kaep	ใจแคบ
lacking in generosity		
national	haeng chat	แห่งชาติ
national park	oot-thà-yan haeng chat	อุทยานแห่งชาติ
nationality	san-chat	สัญชาติ
natural	pen thàm-mà-chat	เป็นธรรมชาติ
nature	thàm-mà-chat	ธรรมชาติ
naughty	son, deu	ซน, ดื้อ

159

ENGLISH-THAI DICTIONARY

naughty/delinquent	gay-ray	เกเร
naval base	thanɉ thap reua	ฐานทัพเรือ
navy	gawng thap reua	กองทัพเรือ
("boat soldier")	tha-hanɉ reua	ทหารเรือ
near	glai, glai-glai	ใกล้, ใกล้ ๆ
nearby/around here	thaeoɉ nee	เท่านี้
neat/orderly	riap-roi	เรียบร้อย
necessary	jam-pen	จำเป็น
neck/throat	kaw	คอ
necklace	soi, soi kaw	สร้อย, สร้อยคอ
need (to)	tawng-gan	ต้องการ
needle	kemɉ	เข็ม
negotiate/confer	jay-ra-ja	เจรจา
neighbor	pheuan banɉ	เพื่อนบ้าน
Nepal	Nay-pan	เนปาล
nephew	lanɉ chai	หลานชาย
nerve(s)	pra-sat	ประสาท
nest	rang	รัง
net, fishing (long)	ta-kai	ตาข่าย
net, fishing (round)	haeɉ	แห
never/have never	mai keuy (verb)	ไม่เคย
new/newly/anew	mai	ใหม่
New Year	pee mai	ปีใหม่
New Year, Chinese	troot Jeen	ตรุษจีน
New Year, Thai	Songɉ-gran	สงกรานต์
news	kao, kao sanɉ	ข่าว, ข่าวสาร
newspaper	nang-seuɉ phim	หนังสือพิมพ์

160

ENGLISH-THAI DICTIONARY

next/following	taw, taw pai	ต่อ, ต่อไป
(in a series)	that pai	ถัดไป
next month	deuan na	เดือนหน้า
next time	krao na	คราวหน้า
next to	kang-kang,	ข้าง ๆ
	tit (gap)	ติด (กับ)
next week	a-thit na	อาทิตย์หน้า
next year	pee na	ปีหน้า
nice/kind	jai-dee	ใจดี
nickname	cheu len	ชื่อเล่น
niece	lan sao	หลานสาว
night/at night	glang keun,	กลางคืน
	tawn glang keun	ตอนกลางคืน
nightmare	fun rai	ฝันร้าย
nirvana	neep-phan	นิพพาน
no (as response)	mai (adj/verb)	ไม่
no/that's not right	mai chai	ไม่ใช่
nobody	mai mee krai,	ไม่มีใคร
	mai mee kon	ไม่มีคน
noise, loud	siang dang	เสียงดัง
noise/sound	siang	เสียง
noisy	siang dang,	เสียงดัง
	nuak hoo	หนวกหู
noodles	guay-tio	ก๋วยเตี๋ยว
normal	tham-ma-da,	ธรรมดา
	pok-ga-tee	ปรกติ
normally/as usual	yang pok-ga-tee	ยังปรกติ

161

ENGLISH-THAI DICTIONARY

north/north of	neua̯	เหนือ
Northern Thailand	phak neua̯	ภาคเหนือ
northeast	ta̍-wan awk chiang̯ neua̯	ตะวันออกเฉียงเหนือ
Northeast Thailand	phak Ee-san̯	ภาคอีสาน
northwest	ta̍-wan tok chiang̯ neua̯	ตะวันตกเฉียงเหนือ
nose	ja̍-mook	จมูก
not...at all	mai̯...leuy	ไม่...เลย
not long (time)	mai̯ nan	ไม่นาน
not many/much	mai̯ mak̯	ไม่มาก
not the same	mai̯ meuan̯	ไม่เหมือน
not very...	mai̯ koi̯...	ไม่ค่อย
not yet	yang,	ยัง
	yang mai̯ (verb)	ยังไม่
notebook	sa̍-mo̍ot	สมุด
notice/observe	sang̯-gayt	สังเกต
notify (police)	jaeng,	แจ้ง
	jaeng kwam	แจ้งความ
noun	kam nam	คำนาม
nourish/nurture	bam-roong	บำรุง
novel	nee-yai	นิยาย
novice monk	nayn,	เณร
	sam̯-ma̍-nayn	สามเณร
now	tawn-nee	ตอนนี้
(right now)	dio̯-nee,	เดี๋ยวนี้
	dio̯-nee leuy	เดี๋ยวนี้เลย

162

ENGLISH-THAI DICTIONARY

nowadays	sa-mai nee	สมัยนี้
now/during this period of time	chuang nee, ka-na nee	ช่วงนี้ ขณะนี้
numb	cha	ชา
number, house or account	lek thee	เลขที่
number, registration	mai lek	หมายเลข
number, seat/room	beuh	เบอร์
number/numeral	lek, tua lek	เลข, ตัวเลข
nun	mae chee	แม่ชี
nurse	pha-ya-ban, nang pha-ya-ban	พยาบาล นางพยาบาล
nursery school	a-noo-ban	อนุบาล

O

obey	cheua fang	เชื่อฟัง
object/thing	kawng	ของ
objective	joot-pra-song	จุดประสงค์
oboe	pee	ปี่
observe/notice	sang-gayt	สังเกต
occupation	a-cheep	อาชีพ
ocean (large)	ma-ha sa-moot	มหาสมุทร
ocean/sea	tha-lay	ทะเล
odor/scent	glin	กลิ่น
of	kawng	ของ
office	awf-fit,	ออฟฟิต

ENGLISH-THAI DICTIONARY

	sam-nak-ngan,	สำนักงาน
	thee tham-ngan	ที่ทำงาน
official (person)	jao na-thee	เจ้าหน้าที่
official/formal	thang-gan	ทางการ
official/royal	luang	หลวง
often	boi	บ่อย
oil	nam-mun	น้ำมัน
oil, engine	nam-mun kreuang	น้ำมันเครื่อง
oily/rich (food)	mun	มัน
OK/it's agreed	tok-long	ตกลง
old, living things	gae	แก่
old, objects	gao	เก่า
(very old)	gao-gae	เก่าแก่
old-fashioned	bo-ran	โบราณ
(out-of-date)	la sa-mai	ล้าสมัย
on/on top of	bon,	บน
	kang bon	ข้างบน
on time	than,	ทัน
	than way-la,	ทันเวลา
	trong way-la	ตรงเวลา
once/one time	krang neung,	ครั้งหนึ่ง
	neung krang	หนึ่งครั้ง
once in a while	nan nan thee	นาน ๆ ที
one-way (street)	thang dio	ทางเดียว
one-way (trip)	thio dio	เที่ยวเดียว
only (a small am't)	kae...,	แค่

164

ENGLISH-THAI DICTIONARY

	...thao-nan	เท่านั้น
only (one thing/	...yang-dio,	อย่างเดียว
kind/action)	tae...	แต่
only, there is/have	mee tae...	มีแต่
open	peuht	เปิด
operate (medical)	pha tat	ผ่าตัด
opinion	kwam kit-hen	ความคิดเห็น
opium	fin	ฝิ่น
opportunity	o-gat	โอกาส
or	reu	หรือ
orchid	dawk gluay mai	ดอกกล้วยไม้
ordain, as monk	buat	บวช
(leave monkhood)	seuk	สึก
order (v)	sang	สั่ง
order food	sang a-han	สั่งอาหาร
ordinary/regular	tham-ma-da	ธรรมดา
organization/agency	ong-gan	องค์การ
organize/set up	jat, jat-tang	จัด, จัดตั้ง
original (document)	ton cha-bap	ต้นฉบับ
original/first	deuhm	เดิม
orphan	dek kham-phra	เด็กกำพร้า
other/some other	(classifier) eun	อื่น
outside	kang nawk	ข้างนอก
oven	tao op	เตาอบ
over (an amount)	(am't) gwa	กว่า
over/cross over	kam	ข้าม
over/above/north of	neua	เหนือ

ENGLISH-THAI DICTIONARY

overpass	sà-phan loi	สะพานลอย
owl	nok hook	นกฮูก
owner (of)	jao kawng	เจ้าของ

P

pack (bags)	gèp kawng	เก็บของ
package, small/ wrapped	haw	ห่อ
package/parcel	phat-sà-doo	พัสดุ
packet/envelope	sawng	ซอง
paddle (n/v)	phai	พาย
pagoda/stupa	je-dee	เจดีย์
paid (already)	jai laeo	จ่ายแล้ว
paint (n)	see, nam see	สี, น้ำสี
paint (v)	tha see	ทาสี
paint/draw picture	wat roop, kian roop	วาดรูป เขียนรูป
painting (n)	roop-wat, phap-wat	รูปวาด ภาพวาด
pair	koo	คู่
palace (building)	phra-thee-nang	พระที่นั่ง
(compound)	phra-rat-cha-wang	พระราชวัง
Pali (language)	Ba-lee	บาลี
pan/pot	maw	หม้อ
pants/trousers	gang-gayng	กางเกง
paper	grà-dat	กระดาษ

ENGLISH-THAI DICTIONARY

parade/procession	hae	แห่
parasite, intestinal	pha-yat	พยาธิ
parents	phaw-mae	พ่อแม่
park, a vehicle	jawt	จอด
park, public	suan sa-tha-ra-na	สวนสาธารณะ
park/garden	suan	สวน
parking space/lot	thee jawt rot	ที่จอดรถ
parliament/congress (Thai parliament)	rat-tha-sa-pha, sa-pha rat-sa-dawn	รัฐสภา สภาราษฎร
parrot	nok gaeo	นกแก้ว
part, of something	suan, suan neung	ส่วน ส่วนหนึ่ง
part/region	phak	ภาค
participate/take part in	kao ruam	เข้าร่วม
parts, for vehicle	a-lai	อะไหล่
party	ngan pa-tee, gin liang, ngan liang	งานปาร์ตี้ กินเลี้ยง งานเลี้ยง
party, political	phak gan meuang	พรรคการเมือง
pass, from different directions	suan	สวน
pass/overtake	saeng	เช้ง
pass an exam	sawp dai,	สอบได้

167

ENGLISH-THAI DICTIONARY

	sawp phan	สอบผ่าน
pass through/by	phan	ผ่าน
passenger	phoo doy-san	ผู้โดยสาร
passport	phat-sa-pawt	พาสปอร์ต
	nang-seu deuhn-thang	หนังสือเดินทาง
past, in past times	sa-mai gawn	สมัยก่อน
past/after (a place)	leuy	เลย
past/the past	a-deet	อดีต
path	thang deuhn	ทางเดิน
patient (sick person)	kon kai, phoo puay	คนไข้ ผู้ป่วย
patient/cool-headed	jai yen	ใจเย็น
pattern, on cloth/etc	lai	ลาย
pave/paved	lat yang	ลาดยาง
pavilion	sa-la	ศาลา
pay (v)	jai	จ่าย
pay attention	sai jai, ao jai sai, mee sa-tee	ใส่ใจ เอาใจใส่ มีสมาธิ
pay back/reciprocate	tawp thaen	ตอบแทน
pay for/treat	liang	เลี้ยง
peace	sun-tee-phap	สันติภาพ
peaceful	sa-ngop	สงบ
peak, of mountain	yawt (kao)	ยอด(เขา)
peek at (secretly)	aep doo	แอบดู
peel (v)	plawk	ปลอก

ENGLISH-THAI DICTIONARY

pen	pak-ga	ปากกา
pencil	din-saw	ดินสอ
people/person	kon	คน
people/villagers/ common people	chao ban	ชาวบ้าน
people/the people	pra-cha-chon	ประชาชน
per	taw	ต่อ
percent	peuh-sen	เปอร์เซ็นต์
	roi la...	ร้อยละ
perfect	som-boon baep	สมบูรณ์แบบ
perform/act/show	sa-daeng	แสดง
perfume	nam-hawm	น้ำหอม
period (end of sentence)	joot	จุด
period, historical	sa-mai	สมัย
period, of time/ duration	chuang, ra-ya	ช่วง, ระยะ
permanent	pra-jam, tha-wawn	ประจำ ถาวร
permanently/from now on	ta-lawt pai, (verb) leuy	ตลอดไป เลย
permit (n)	bai a-noo-yat	ใบอนุญาต
permit/allow	hai, a-noo-yat	ให้, อนุญาต
person/people	kon	คน
personal	suan tua	ส่วนตัว
personality	book-ka-lik	บุคคลิก
pet/livestock	sat liang	สัตว์เลี้ยง

ENGLISH-THAI DICTIONARY

petrol	nam-mun	น้ำมัน
petrol station	pum nam-mun	ปั้มน้ำมัน
pharmacy	ran kai ya	ร้านขายยา
Philippines	Fee-lip-peen	ฟิลิปปีน
photocopier	kreuang thai ayk-ga-san	เครื่องถ่ายเอกสาร
photograph (n)	roop, roop thai	รูป, รูปถ่าย
photographer	chang thai roop	ช่างถ่ายรูป
pick up, go to pick up a person	pai rap	ไปรับ
pick up, large object	yok	ยก
pick up, small object	yip	หยิบ
pick up/collect	gep	เก็บ
pick-up truck	rot gra-ba	รถกะบะ
pick-up with seats	sawng-thaeo	สองแถว
pickled	dawng	ดอง
picture, drawing	phap wat	ภาพวาด
picture, photograph	roop, roop thai	รูป, รูปถ่าย
piece	chin	ชิ้น
pier	tha reua	ท่าเรือ
pig/pork	moo	หมู
pill	met	เม็ด
pillow	mawn	หมอน
pillowcase	plawk mawn	ปลอกหมอน
pilot	nak bin	นักบิน
pimp	maeng da	แมงดา
pimple	siu	สิว

ENGLISH-THAI DICTIONARY

pink	see˩ chom-phoo	สีชมพู
pipe, for smoking	glawng soop ya	กล้องสูบยา
pipe/tube	thaw	ท่อ
pirate	jon sa-lat	โจรสลัด
pitcher	yeuak	เหยือก
pitiful/pitiable	na song˩-san˩	น่าสงสาร
pity (v)	song˩-san˩	สงสาร
place	thee, haeng, sa-than˩-thee	ที่, แห่ง, สถานที่
place, this place	thee nee	ที่นี่
place to stay/where you stay	thee phak	ที่พัก
plan (n)	phaen˩, phaen˩-gan	แผน, แผนการ
plan/make a plan	wang phaen˩	วางแผน
planet/star	dao	ดาว
plant (v)	plook	ปลูก
plant/tree	ton-mai	ต้นไม้
plastic	plas-tik	พลาสติก
plate	jan	จาน
play (v)	len	เล่น
play/drama	la-kawn	ละคร
please (formal)	ga-roo-na, prot	กรุณา, โปรด
please (someone/ do as a person wants - v)	ao-jai	เอาใจ
plow (n)	thai˩	ไถ
plow fields	thai˩ na	ไถนา

171

ENGLISH-THAI DICTIONARY

pocket	gra-pao	กระเป๋า
point (at)	chee	ชี้
point (physical/ in discussion)	joot	จุด
point/pointed	laem	แหลม
point/score	ka-naen, taem	คะแนน, แต้ม
poison (n)	ya phit	ยาพิษ
poisonous	mee phit	มีพิษ
police officer	tam-ruat	ตำรวจ
police station	rong phak, sa-tha-nee tam-ruat	โรงพัก สถานีตำรวจ
policy	na-yo-bai	นโยบาย
polite/politely (well-mannered)	soo-phap riap-roi	สุภาพ เรียบร้อย
political party	phak gan meuang	พรรคการเมือง
politician	nak gan meuang	นักการเมือง
politics	gan meuang	การเมือง
polluted	sia, pen phit	เสีย, เป็นพิษ
pollution	mon-la-phit	มลพิษ
polyester	pha nam-mun	ผ้าน้ำมัน
pond	sa	สระ
poor	jon ("jone"), yak jon	จน ยากจน
popular (a verb in Thai meaning "to like/favor")	nee-yom	นิยม

ENGLISH-THAI DICTIONARY

population	phon-la-meuang, pra-cha-gawn	พลเมือง ประชากร
porch/balcony	ra-biang	ระเบียง
porcupine	men	เม่น
pornographic	po	โป๊
position (at work)	tam-naeng	ตำแหน่ง
possessions	kawng, kao-kawng	ของ ข้าวของ
possible/it's possible	pen pai dai	เป็นไปได้
post/pole/column	sao	เสา
post office	prai-sa-nee	ไปรษณีย์
postpone	leuan way-la	เลื่อนเวลา
pot, cooking	maw	หม้อ
pot, for plants	gra-thang	กระถาง
pound (in mortar)	tam	ตำ
pour	rin	ริน
pour water on	rot nam ("rote")	รดน้ำ
poverty	kwam yak-jon	ความยากจน
powder	paeng	แป้ง
power/authority	am-nat	อำนาจ
power/force	gam-lang	กำลัง
power/influence	it-thee-phon	อิทธิพล
power/strength	raeng, pha-lang	แรง, พลัง
practice	sawm	ซ้อม
pray, in Buddhism	wai phra	ไหว้พระ
(in Islam)	la-mat	ละหมาด
(make wish/vow)	a-theet-than	อธิฐาน

173

ENGLISH-THAI DICTIONARY

pray/chant	suat, suat mon	สวด, สวดมนต์
prefer	chawp mak gwa	ชอบมากกว่า
pregnant	mee thawng	มีท้อง
prepare/get ready	triam, triam tua	เตรียม เตรียมตัว
prepared/ready	phrawm laeo, riap-roi	พร้อมแล้ว เรียบร้อย
present (time)	pat-joo-ban	ปัจจุบัน
present/gift (n)	kawng-kwan	ของฝาก
present/propose (v)	sa-neuh	เสนอ
preserve/conserve	rak-sa, a-noo-rak	รักษา อนุรักษ์
president	pra-tha-na thi-baw-dee	ประธานาธิบดี
press down on	got, beep	กด, บีบ
pretend/act like	tham tua	ทำตัว
pretty	ngam	งาม
prevent/protect from	pawng-gan	ป้องกัน
previous/former/old	gao	เก่า
previous/last	thee laeo, gawn	ที่แล้ว, ก่อน
price	ra-ka	ราคา
primary school	pra-thom seuk-sa	ประถมศึกษา
prime minister	na-yok rat-tha-mon-tree	นายกรัฐมนตรี
prince	jao chai	เจ้าชาย

ENGLISH-THAI DICTIONARY

princess	jao ying	เจ้าหญิง
print (with printer)	phim, "print"	พิมพ์
prison, in prison	tit kook	ติดคุก
prisoner	nak thot	นักโทษ
private (company)	ayk-ga-chon	เอกชน
private/personal	suan tua	ส่วนตัว
probably	kong ja (verb)	คงจะ
problem	pan-ha	ปัญหา
(matter)	reuang	เรื่อง
procedure/process	gra-buan gan	กระบวนการ
produce (v)	pha-lit	ผลิต
profession	a-cheep	อาชีพ
professor	a-jan	อาจารย์
profit (n)	gam-rai	กำไร
program (TV/etc)	rai-gan	รายการ
prohibit/forbid	ham	ห้าม
project/program	krong-gan	โครงการ
promise (v)	sun-ya	สัญญา
promote (in job)	leuan tam-naeng	เลื่อนตำแหน่ง
promote/foster	song-seuhm	ส่งเสริม
property/assets	sap-sin, sap	ทรัพย์สิน, ทรัพย์
propose/suggest	sa-neuh	เสนอ
prostitute	so-phay-nee	โสเภณี
(vulgar)	ga-lee	กะรี่
protect (people)	pok-pawng	ปกป้อง
protect/defend	pawng-gan	ป้องกัน
protest/demonstrate	pra-thuang	ประท้วง

ENGLISH-THAI DICTIONARY

proud/pleased	phoom-jai	ภูมิใจ
prove	phee-soot	พิสูจน์
province	jang-wat	จังหวัด
psychiatrist	jit-ta-phaet	จิตแพทย์
public (adj)	saj-tha-ra-na	สาธารณะ
pull, a cart	lak	ลาก
pull/pull on	deung	ดึง
pull out/withdraw	thawnj	ถอน
punish	long thot,	ลงโทษ
	tham thot	ทำโทษ
puppy	look maj	ลูกหมา
pure	baw-ree-soot	บริสุทธิ์
purple	seej muang	สีม่วง
purse/bag	gra-paoj	กระเป๋า
push	phlak	ผลัก
push/press down	got	กด
put away/keep	gep wai	เก็บไว้
put down	wang	วาง
put in/add to	teuhm	เติม
put in/put on	sai	ใส่
put on clothes	sai seua-pha	ใส่เสื้อผ้า
put on make-up	taeng na	แต่งหน้า
put out (fire/lights)	dap	ดับ
put together	ruam	รวม

ENGLISH-THAI DICTIONARY

Q

quality	koon-na-phap	คุณภาพ
quantity/amount	jam-nuan	จำนวน
queen	ra-chee-nee	ราชินี
question (n)	kam tham	คำถาม
quick/quickly	reo, reo-reo	เร็ว, เร็วๆ
quiet	ngiap	เงียบ
quit, a job	la awk	ลาออก
quit/stop	leuhk	เลิก

R

rabbit	gra-tai	กระต่าย
race/compete	kaeng, kaeng-kun	แข่ง, แข่งขัน
radio	wit-tha-yoo	วิทยุ
rafting	lawng phae	ล่องแพ
rain (n)	fon	ฝน
rain (v)	fon tok	ฝนตก
rain water	nam fon	น้ำฝน
rainbow	roong	รุ้ง
raincoat	seua gan fon	เสื้อกันฝน
rainy season	na fon	หน้าฝน
(more formal)	reu-doo fon	ฤดูฝน
raise/bring up	liang	เลี้ยง
rape (v)	kom keun	ข่มขืน
rare/hard to find	ha yak	หายาก
rat/mouse	noo	หนู

ENGLISH-THAI DICTIONARY

rate	at-tra	อัตรา
rather, I'd rather...	(verb) dee gwa	ดีกว่า
rattan	wai	หวาย
rattan ball game	ta-graw	กระกร้อ
raw	dip	ดิบ
razor	meet gon	มีดโกน
razor blade	bai meet	ใบมีด
read	an	อ่าน
read, as activity	an nang-seu	อ่านหนังสือ
read it to me	an hai fang	อ่านให้ฟัง
ready/finished	set laeo	เสร็จแล้ว
ready/prepared	riap-roi, phrawm	เรียบร้อย พร้อม
real/genuine	thae	แท้
really/truthfully	jing, jing-jing	จริง, จริง ๆ
reason	hayt-phon	เหตุผล
receipt	bai set	ใบเสร็จ
receive	dai, dai rap	ได้, ได้รับ
recently	meua reo-reo nee	เมื่อเร็ว ๆ นี้
recommend	nae-nam	แนะนำ
red	see daeng	สีแดง
reduce (price/am't)	lot ("lote")	ลด
reduce weight	lot kwam uan, lot nam-nak	ลดความอ้วน ลดน้ำหนัก
referee	gam-ma-gan	กรรมการ
refrigerator	too yen	ตู้เย็น
refugee	phoo op-pha-yop	ผู้อพยพ

ENGLISH-THAI DICTIONARY

refugee camp	soonj op-pha-yop	ศูนย์อพยพ
register (v)	jot tha-bian, long tha-bian	จดทะเบียน, ลงทะเบียน
regular/always	pra-jam	ประจำ
regular/ordinarily	tham-ma-da	ธรรมดา
regularly/usually	pok-ga-tee	ปรกติ
related (two people)	pen yat gan	เป็นญาติกัน
relative(s) (people)	yat	ญาติ
relax (relieve tenseness)	klai kriat	คลายเครียด
relaxed/easygoing	jai-yen	ใจเย็น
release/let go	ploi	ปล่อย
relieve/let out	ra-bai	ระบาย
religion	sat-sa-naj	ศาสนา
remember	jam	จำ
remind/warn	teuan	เตือน
remote (adj)	hang glai	ห่างไกล
rent (v)	chao	เช่า
rent/charter (rent an entire vehicle)	maoj	เหมา
rent/rental fee	ka chao	ค่าเช่า
rent to someone/ for rent	hai chao	ให้เช่า
repair/fix	sawm	ซ่อม
reply (v)	tawp	ตอบ
report (n/v)	rai-ngan	รายงาน
reporter	nak kao	นักข่าว

ENGLISH-THAI DICTIONARY

representative	phoo-thaen	ผู้แทน
(business agent)	tua thaen	ตัวแทน
reputation	cheu siang	ชื่อเสียง
require/need	tawng-gan	ต้องการ
research (v)	kon kwa, wee-jai	ค้นคว้า, วิจัย
researcher	nak wee-jai	นักวิจัย
resemble	doo meuan	ดูเหมือน
reserve/book in advance	jawng	จอง
reservoir	ang nam	อ่างน้ำ
resource(s)	sap-pha-ya-gawn	ทรัพยากร
respect (people, things in society)	kao-rop	เคารพ
respect/believe in	nap-theu	นับถือ
respond	tawp	ตอบ
responsible (for)	rap-phit-chawp	รับผิดชอบ
rest (v)	phak-phawn	พักผ่อน
restaurant	ran-a-han	ร้านอาหาร
results/outcome	phon	ผล
retail, sell at	kai pleek	ขายปลีก
return (something)	keun	คืน
return (to a place)	glap	กลับ
(come back)	glap ma	กลับมา
(go back)	glap pai	กลับไป
reveal	peuht-pheuy	เปิดเผย
revenge/avenge (v)	gae kaen	แก้แค้น
revolution	gan pa-tee-wat	การปฏิวัติ

ENGLISH-THAI DICTIONARY

revolve/rotate	moon	หมุน
rhythm/beat	jang-wa	จังหวะ
rib	see krong	ซี่โครง
rice	kao	ข้าว
rice field	na kao	นาข้าว
rice mill	rong see	โรงสี
rich/oily (food)	mun	มัน
rich/wealthy	ruay	รวย
rich person	sayt-thee	เศรษฐี
ride	kee	ขี่
right (side)	kwa	ขวา
right/correct	thook, thook-tawng	ถูก, ถูกต้อง
right/rights (by law)	sit	สิทธิ
ring (n)	waen	แหวน
rinse	lang	ล้าง
ripe	sook	สุก
rise/go up	keun	ขึ้น
rising tone (in Thai)	siang jat-ta-wa	เสียงจัตวา
river	mae-nam	แม่น้ำ
road/street	tha-non	ถนน
road/way/route	thang	ทาง
roast/bake	op	อบ
rob/steal	plon, ka-moy	ปล้น, ขโมย
rock	hin	หิน
rocket	ja-ruat	จรวด
rocket, at festival	bawng fai	บ้องไฟ
role, acting	bot	บท

ENGLISH-THAI DICTIONARY

role, real-life	bot-bat	บทบาท
roof	lang-ka	หลังคา
room	hawng	ห้อง
root	rak	ราก
rope	cheuak	เชือก
rose	dawk goo-lap	ดอกกุหลาบ
rotten	nao	เน่า
rough/not smooth	yap, sak,	ยับ, สาก
	sak-sak	สากๆ
round, in boxing	yok	ยก
round/circular	glom	กลม
round-trip	pai glap	ไปกลับ
route	sai	สาย
royal	luang	หลวง
rubber	yang	ยาง
rubber tree	ton yang	ต้นยาง
ruby	thup-thim	ทับทิม
ruins ("old city")	meuang gao	เมืองเก่า
rule/regulation	ra-biap	ระเบียบ
(in sports)	ga-tee-ga	กติกา
ruler, for measuring	mai ban-that	ไม้บรรทัด
rumor	kao-leu	ข่าวลือ
run	wing	วิ่ง
run away (from)	nee	หนี
Russia	Rut-sia	รัสเซีย

S

safe/safely	plawt-phai	ปลอดภัย
sailboat	reua bai	เรือใบ
sailor	tha-hanj reua	ทหารเรือ
salary	ngeuhn deuan	เงินเดือน
sale (reduce price)	lot ra-ka	ลดราคา
salt	gleua	เกลือ
salt water	nam kem	น้ำเค็ม
salty/salted	kem	เค็ม
same (for characteristics)	meuanj-gan	เหมือนกัน
same (one and the same)	(classifier) dio-gan	เดียวกัน
same/equal	thao-gan	เท่ากัน
same as (for charteristics)	meuanj...	เหมือน
same as before	meuanj deuhm	เหมือนเดิม
same person	kon dio-gan	คนเดียวกัน
sand	sai	ทราย
sanitary napkin	pha a-na-mai	ผ้าอนามัย
Sanskrit (language)	Sunj-sa-grit	สันสกฤต
sapphire	nin	นิล
sapphire, blue	phai-lin	ไพลิน
sarong	sa-rong,	โสร่ง
(sewn into tube)	pha thoongj	ผ้าถุง
satellite	dao thiam	ดาวเทียม

ENGLISH-THAI DICTIONARY

satisfied	phaw-jai	พอใจ
Saudi Arabia	Sa-oo	ซาอู
save	gep wai	เก็บไว้
save money	gep ngeuhn	เก็บเงิน
saw (tool - n/v)	leuay	เลื่อย
say (that..)	phoot (wa...)	พูด (ว่า)
saying	soo-pha-sit	สุภาษิต
scale (for weighing)	chang	ชั่ง
schedule/timetable	ta-rang way-la	ตารางเวลา
scholarship	thoon, thoon gan seuk-sa	ทุน, ทุนการศึกษา
school	rong-rian	โรงเรียน
science	wit-tha-ya-sat	วิทยาศาสตร์
scientist	nak wit-tha-ya-sat	นักวิทยาศาสตร์
scissors	gun-grai	กรรไกร
scold/curse (strong)	da	ด่า
scold/reprimand	doo	ดุ
score/points	ka-naen	คะแนน
scorpion	maeng pawng	แมงป่อง
scratch (v)	gao	เกา
scream/shout	rawng	ร้อง
screen, window	moong luat	มุ้งลวด
screwdriver	kai kuang	ไขควง
sea	tha-lay	ทะเล
sea urchin	men tha-lay	เม่นทะเล
seafood	a-han tha-lay	อาหารทะเล

184

ENGLISH-THAI DICTIONARY

season	na	หน้า
(formal)	reu-doo	ฤดู
seat	thee-nang	ที่นั่ง
second (in time)	wee na-thee	วินาที
second/number two	thee sawng	ที่สอง
second class/floor	chan sawng	ชั้นสอง
second tone marker	mai tho	ไม้โท
secondary school	mat-tha-yom seuk-sa	มัธยมศึกษา
secretary	lay-ka	เลขา
secretly, do	aep (verb)	แอบ
secretly/illegally	lap-lap	ลับ ๆ
secure (adj)	mun-kong	มั่นคง
see	hen	เห็น
see a movie	doo nang	ดูหนัง
seed	met	เมล็ด
seem/seems like	doo meuan	ดูเหมือน
self-centered	ao tae jai tua ayng	เอาแต่ใจตัวเอง
selfish	hen gae tua	เห็นแก่ตัว
sell	kai	ขาย
sell/distribute	kai, jam-nai	ขาย, จำหน่าย
sell things (as work)	kai kawng	ขายของ
(engage in trade)	ka kai	ค้าขาย
seller/trader, female	mae ka	แม่ค้า
seller/trader, male	phaw ka	พ่อค้า
send	song	ส่ง

ENGLISH-THAI DICTIONARY

sensitive/touchy/ easily offended	jai noi	ใจน้อย
sentence (language)	pra-yok	ประโยค
separate (v)	yaek	แยก
separately	tang hak	แตกหัก
serious/earnest	jing-jang	จริงจัง
serious/tense	kriat	เครียด
servant	kon chai	คนใช้
service/serve	baw-ree-gan	บริการ
set (n)	choot	ชุด
set up	tang	ตั้ง
severe/serious	rai-raeng	ร้ายแรง
sew	yep, yep pha	เย็บ, เย็บผ้า
sew/make clothes	tat seua	ตัดเสื้อ
sewing machine	jak yep pha	จักรเย็บผ้า
sex, have sex	mee phet sam-phan	มีเพศสัมพันธ์
(colloq.)	len sek	เล่นเซ็กส์
sex/gender	phet	เพศ
shade	rom	ร่ม
shadow	ngao	เงา
shadow puppet play	nang ta-loong	หนังตะลุง
shake/tremble	sun	สั่น
shake hands	jap meu	จับมือ
shampoo	ya sa phom, chaem-phoo	ยาสระผม, แชมพู
shape (of body)	roop rang,	รูปร่าง

ENGLISH-THAI DICTIONARY

	hoon	หุ่น
(of object)	roop song	รูปทรง
share/divide up	baeng	แบ่ง
share/use together	chai ruam gan	ใช้รวมกัน
shark	pla cha-lam	ปลาฉลาม
sharp	kom	คม
shave, the face	gon nuat	โกนหนวด
sheep	gae	แกะ
shell/shellfish	hoi	หอย
ship (n)	reua	เรือ
shirt	seua	เสื้อ
shoe(s)	rawng-thao	รองเท้า
shoot a gun	ying peun	ยิงปืน
shop/store	ran	ร้าน
shop/shopping	seu kawng	ซื้อของ
shophouse	hawng thaeo	ห้องแถว
shopping center	soon gan-ka	ศูนย์การค้า
short, in height	tia	เตี้ย
short, in length	sun	สั้น
short-term	ra-ya sun	ระยะสั้น
shorts	gang-gayng ka sun	กางเกงขาสั้น
should/ought to	na ja (verb)	น่าจะ
(strong meaning)	kuan ja (verb)	ควรจะ
shoulder	lai	ไหล่
shout/cry out	rawng	ร้อง
shovel	phlua	พลั่ว

ENGLISH-THAI DICTIONARY

show (n)	gan sa-daeng, "cho"	การแสดง โชว์
show (v)	sa-daeng	แสดง
show off/boast	uat	อวด
shower/bathe	ab-nam	อาบน้ำ
shrink	hot ("hote")	หด
shy	ai, kee ai	อาย, ขี้อาย
Siam	Sa-yam	สยาม
sick/ill	puay	ป่วย
sick/not well	mai sa-bai	ไม่สบาย
side	kang	ข้าง
side street/lane	soi	ซอย
sight/eyesight	sai ta	สายตา
sign (signboard)	pai	ป้าย
sign language	pha-sa meu	ภาษามือ
sign your name	sen cheu	เซ็นชื่อ
signal	sun-yan	สัญญาณ
signature	lai sen	ลายเซ็น
silk (cloth)	pha mai	ผ้าไหม
silver	ngeuhn	เงิน
similar to...	klai-klai (gap)	คล้าย ๆ (กับ)
similar to each other	klai-klai gan	คล้าย ๆ กัน
sin	bap	บาป
since	tang-tae	ตั้งแต่
sincere	jing-jai	จริงใจ
sing	rawng phlayng	ร้องเพลง

ENGLISH-THAI DICTIONARY

Singapore	Sing-ka-po	สิงคโปร์
singer	nak rawng	นักร้อง
Singha (lion)	sing	สิงห์
single (item)	(classifier) dio	เดียว
single/unmarried	sot	โสด
sink (v)	jom-nam	จมน้ำ
sink, a boat sinking	reua lom	เรือล่ม
sink/basin	ang nam,	อ่างน้ำ
	ang lang na	อ่างล้างหน้า
sister, older	phee-sao	พี่สาว
sister, younger	nawng-sao	น้องสาว
sit	nang	นั่ง
situation	reuang,	เรื่อง
	sa-tha-na-gan	สถานการณ์
size, clothing	sai	ไซด์
size/extent	ka-nat	ขนาด
skill/ability	kwam sa-mat	ความสามารถ
skin (n)	phiu	ผิว
skin/hide	nang	หนัง
skirt/dress	gra-prong	กระโปรง
sky	fa	ฟ้า
slang	sa-laeng	แสลง
slave	that	ทาส
sleep/is sleeping	lap, nawn lap	หลับ, นอนหลับ
sleep/lie down	nawn	นอน
sleepy	nguang nawn	ง่วงนอน
slice (v)	hun, soi	หั่น, ซอย

189

ENGLISH-THAI DICTIONARY

slide/slip/slippery	leun	ลื่น
slow/slowly	cha, cha-cha	ช้า, ช้า ๆ
small	lek	เล็ก
smell/odor/scent	glin	กลิ่น
smell/sniff (v)	dom	ดม
smells bad	men	เหม็น
smells good	hawm	หอม
smile	yim	ยิ้ม
smoke (n)	kwan	ควัน
smoke, from fire	kwan fai	ควันไฟ
smoke cigarettes	soop boo-ree	สูบบุหรี่
smooth (skin)	nian	เนียน
(surfaces)	riap	เรียบ
smuggle	lak lawp	ลักลอบ
snack (n)	a-han wang	อาหารว่าง
snack (v)	gin len	กินเล่น
snack/sweet	ka-nom	ขนม
snack food	a-han wang	อาหารว่าง
snake	ngoo	งู
sneeze	jam	จาม
snore	gron	กรน
snow (n)	hee-ma	หิมะ
so/therefore	leuy,	เลย
	gaw leuy	ก็เลย
so that/in order to	pheua	เพื่อ
soak (in water/ice)	chae	แช่
soap	sa-boo	สบู่

ENGLISH-THAI DICTIONARY

society	sang-kom	สังคม
socks	thoong thao	ถุงเท้า
soft (for sounds)	bao	เบา
soft/spongy/tender	noom	นุ่ม
soft/yielding	nim	นิ่ม
softly (not loudly)	koi-koi, bao-bao	ค่อย ๆ เบา ๆ
software	sawf-wae	ซอฟแวร์
soil	din	ดิน
soldier	tha-han	ทหาร
solve	gae, gae kai	แก้, แก้ไข
some (of items/people/etc)	bang (classifier)	บาง
some/somewhat	bang, mang	บ้าง, มั่ง
some people	bang kon	บางคน
sometimes	bang krang, bang thee	บางครั้ง บางที
son	look-chai	ลูกชาย
son-in-law	look keuy	ลูกเขย
song	phlayng	เพลง
soon	reo-reo nee	เร็ว ๆ นี้
sore throat	jep kaw	เจ็บคอ
sorry/excuse me	kaw-thot	ขอโทษ
sorry/unhappy	sia-jai	เสียใจ
sound	siang	เสียง
sour	prio	เปรี้ยว
south/south of	tai	ใต้

191

ENGLISH-THAI DICTIONARY

southeast	ta-wan awk chiang tai	ตะวันออกเฉียงใต้
southwest	ta-wan tok chiang tai	ตะวันตกเฉียงใต้
souvenir/remembrance	kawng thee-ra-leuk	ของที่ระลึก
soybean	thua leuang	ถั่วเหลือง
space/outer space	a-wa-gat	อวกาศ
Spain	Sa-payn	สเปน
spark plug	hua thian	หัวเทียน
spatula	ta-liu	ตะหลิว
speak/converse	kui	คุย
speak/say	phoot	พูด
speaker/loudspeaker	lum-phong	ลำโพง
special/specially	phee-set	พิเศษ
species	phan, cha-nit	พันธุ์, ชนิด
speed	kwam-reo	ความเร็ว
spell (v)	sa-got	สะกด
spend money	chai ngeuhn	ใช้เงิน
spend time	chai way-la	ใช้เวลา
spice/spices	kreuang thayt	เครื่องเทศ
spicy/hot	phet	เผ็ด
spider	maeng moom	แมงมุม
spirit	win-yan	วิญญาณ
spirit, in body	kwan	ขวัญ
spirit house	san-phra-phoom	ศาลพระภูมิ

ENGLISH-THAI DICTIONARY

spit/saliva	nam-lai	น้ำลาย
spit out	thui	ถุย
spoiled	sia	เสีย
spoiled (soup/rice)	boot	บูด
spoiled/rotten	nao	เน่า
sponsor/support	sa-nap sa-noon	สนับสนุน
sponsor/vouch for	rap-rawng	รับรอง
spoon	chawn	ช้อน
sports	gee-la	กีฬา
spray	cheet	ฉีด
spread on	tha	ทา
spread out	phrae	แพร่
squeeze	beep	บีบ
squeeze, for juice	kun	คั้น
squid	pla meuk	ปลาหมึก
stadium	sa-nam gee-la	สนามกีฬา
staff/staffmember	pha-nak-ngan	พนักงาน
stage/boxing ring	way-thee	เวที
stairs	bun-dai	บันได
stamp (n)	sa-taem	แสตมป์
stand (v)	yeun	ยืน
stand up/get up	yeun keun, look keun	ยืนขึ้น, ลุกขึ้น
standard (n/adj)	mat-tra-than	มาตรฐาน
star/planet	dao	ดาว
stare (at)	jawng	จ้อง
start	reuhm	เริ่ม

193

ENGLISH-THAI DICTIONARY

starve	ot, ot kao	อด, อดข้าว
state, in a country	rat	รัฐ
state/condition	sa-phap	สหภาพ
(of a situation)	pha-wa	ภาวะ
station	sa-tha-nee	สถานี
statistics	sa-thee-tee	สถิติ
statue	roop pun	รูปปั้น
statue of Buddha	Phra Phoot-tha-roop	พระพุทธรูป
(reclining)	Phra nawn	พระนอน
status/standing	tha-na	ฐานะ
stay	phak	พัก
stay at home	yoo ban	อยู่บ้าน
stay overnight	kang keun	ค้างคืน
steal	ka-moy	ขโมย
steam (n)	ai nam	ไอน้ำ
steam (v - food)	neung	นึ่ง
steel	lek gla	เหล็กกล้า
step, in a process	kun, un-dap	ขั้น, อันดับ
step on/run over	yiap	เหยียบ
stepfather	phaw liang	พ่อเลี้ยง
stepmother	mae liang	แม่เลี้ยง
stick (wood)	mai	ไม้
stick to	tit	ติด
sticky	nio	เหนียว
sticky rice	kao nio	ข้าวเหนียว
still/yet	yang	ยัง

ENGLISH-THAI DICTIONARY

sting (v - bee/etc)	toi	ต่อย
sting, it stings/hurts	saep	แสบ
stingy	kee nio	ขี้เหนียว
stipulate/specify	gam-not	กำหนด
stir	kon	คน
stock/share	hoon	หุ้น
stock market	ta-lat hoon	ตลาดหุ้น
stolen/disappeared	hai	หาย
stomach	gra-phaw	กระเพาะ
stomach/abdomen	thawng	ท้อง
stomachache	puat thawng	ปวดท้อง
stone/rock	hin	หิน
stop	yoot	หยุด
stop/park a vehicle	jawt	จอด
stop/quit	leuhk	เลิก
store/save (v)	gep wai	เก็บไว้
(leave things)	fak kawng	ฝากของ
store/shop	ran	ร้าน
storm	pha-yoo	พายุ
story (to tell)	reuang lao	เรื่องเล่า
story/fable	nee-than	นิทาน
story/floor	chan	ชั้น
story/matter/ problem	reuang	เรื่อง
stove	tao	เตา
straight	trong	ตรง
strange	plaek	แปลก

ENGLISH-THAI DICTIONARY

strategy	mat-tra-gan	มาตรการ
straw, drinking	lawt	หลอด
stream	huay	ห้วย
street/road	tha-non	ถนน
(side street/lane)	soi	ซอย
stretch	yeut	ยืด
strict/austere/rigid	kem nguat	เข้มงวด
strict/many rules	ra-biap mak	ระเบียบมาก
string/rope	cheuak	เชือก
string/thread	dai	ด้าย
striped/patterned	lai	ลาย
strong	kaeng-raeng	แข็งแรง
strong, coffee/etc	gae	แก่
strong, flavor	kem, jat	เค็ม, จัด
stubborn/naughty	deu	ดื้อ
student	nak rian	นักเรียน
(high-level)	nak seuk-sa	นักศึกษา
(of someone)	look-sit	ลูกศิษย์
study	rian	เรียน
(at high level)	seuk-sa	ศึกษา
(go to school)	rian nang-seu	เรียนหนังสือ
stupa/pagoda	je-dee	เจดีย์
stupid/foolish	ngo	โง่
style (n)	baep	แบบ
(for hair)	song	ทรง
stylish/in style	than sa-mai	ทันสมัย
sub-district	tam-bon	ตำบล

ENGLISH-THAI DICTIONARY

subject, in school	wee-cha	วิชา
substitute/replace	thaen	แทน
subtract/deduct	hak awk	หักออก
subtract/minus	lop	ลบ
suburb/outskirts	chan meuang	ชานเมือง
subway	rot tai din	รถใต้ดิน
succeed/finish	sam-ret	สำเร็จ
succeed/get results	dai phon	ได้ผล
such as	chen	เช่น
suck	doot	ดูด
suck/keep in mouth	om	อม
suck/pump	soop	สูบ
suffer	thaw-ra-man	ทรมาน
suggest/recommend	nae-nam	แนะนำ
suicide, commit	ka tua tai	ฆ่าตัวตาย
suit (n)	choot, soot	ชุด, สูท
suitcase	gra-pao	กระเป๋า
sun	phra a-thit	พระอาทิตย์
sunbathe	ab-daet	อาบแดด
sunburn	phiu mai	ผิวไหม้
sunflower	than ta-wan	ทานตะวัน
sunglasses	waen gan daet	แว่นกันแดด
sunlight/sunshine	daet	แดด
sunrise	phra a-thit keun	พระอาทิตย์ขึ้น
sunset	phra a-thit tok	พระอาทิตย์ตก
suntan lotion	kreem gan daet	ครีมกันแดด
superstition	chok lang	โชคลาง

ENGLISH-THAI DICTIONARY

supervise	koom, doo-lae	คุม, ดูแล
support/sponsor	sa-nap sa-noon	สนับสนุน
(promote)	song-seuhm	ส่งเสริม
suppose (that)	som-moot (wa)	สมมุติ(ว่า)
sure/certain/surely	nae-jai,	แน่ใจ
	nae nawn	แน่นอน
sure/confident	mun-jai	มั่นใจ
surprised	pra-lat-jai	ประหลาดใจ
surprised/startled	tok-jai	ตกใจ
surrender	yawm phae	ยอมแพ้
surround	rawp	รอบ
surroundings (area)	baw-ree-wayn	บริเวณ
survey (v)	sam-ruat	สำรวจ
suspect/wonder	song-sai	สงสัย
suspect that..	song-sai wa...	สงสัยว่า
swallow (v)	gleun	กลืน
swamp	beung, nawng	บึง, หนอง
(first is larger than second)		
sweat (n)	ngeua	เหงื่อ
sweat (v)	ngeua awk	เหงื่อออก
sweater	seua gan nao	เสื้อกันหนาว
sweep	gwat	กวาด
sweet	wan	หวาน
sweet, personality	awn-wan	อ่อนหวาน
swim	wai-nam	ว่ายน้ำ
swimming pool	sa wai-nam	สระว่ายน้ำ
Switzerland	Sa-wit	สวิส

ENGLISH-THAI DICTIONARY

swollen/swell	buam	บวม
sword	dap	ดาบ
sympathize (with)	hen͝-jai	เห็นใจ
symptom	a-gan	อาการ
system	ra-bop	ระบบ

T

T-shirt	seua yeut	เสื้อยืด
table	to	โต๊ะ
tail	hang͝	หาง
tailor	chang͝ tat seua	ช่างตัดเสื้อ
tailor shop	ran tat seua	ร้านตัดเสื้อ
Taiwan	Tai-wan͝	ไต้หวัน
take, a person to a place ("send")	pai song	ไปส่ง
take, a person to a place he/she doesn't know	pha pai	พาไป
take, an object	ao, ao pai	เอา, เอาไป
take a bath	ab-nam	อาบน้ำ
take a picture	thai roop	ถ่ายรูป
take a test	sawp	สอบ
take a trip	pai thio	ไปเที่ยว
take a walk	deuhn len	เดินเล่น
take apart	gae	แกะ
take care of	doo-lae	ดูแล
take medicine	gin ya	กินยา

199

ENGLISH-THAI DICTIONARY

take off clothes	thawt seua-pha, gae pha	ถอดเสื้อผ้า, แก้ผ้า
take off shoes	thawt rawng-thao	ถอดรองเท้า
talented	geng, mee phawn sa-wan	เก่ง, มีพรสวรรค์
talk/converse	kui, kui gan	คุย, คุยกัน
talk/say/speak	phoot	พูด
tall/high	soong	สูง
tape	thayp	เทป
target	pao-mai	เป้าหมาย
taste, in styles	rot-sa-nee-yom	รสนิยม
taste/flavor	rot ("rote"), rot chat	รส, รสชาด
taste/try	chim	ชิม
tattoo (n)	roi sak	รอยสัก
tattoo (v)	sak	สัก
tax (n)	pha-see	ภาษี
taxi	thaek-see	แท็กซี่
teach	sawn	สอน
teach, as work	sawn nang-seu	สอนหนังสือ
teacher	kroo	ครู
(high level)	a-jan	อาจารย์
teak (wood)	mai sak	ไม้สัก
teak tree	ton sak	ต้นสัก
team	theem	ทีม
tear (in eye)	nam-ta	น้ำตา
tear/torn	kat	ขาด

ENGLISH-THAI DICTIONARY

tear down building:		
concrete	thoop thing	ทุบทิ้ง
wooden	reu	รื้อ
tease (v)	law len	ล้อเล่น
tease flirtatiously	saeo	แซว
technical school	thek-nik	เทคนิค
teenager	wai-roon	วัยรุ่น
telephone	tho-ra-sap	โทรศัพท์
television	tho-ra-that	โทรทัศน์
tell	bawk	บอก
tell a lie	go-hok	โกหก
tell a story	lao reuang	เล่าเรื่อง
tell that/told that...	bawk wa...	บอกว่า
temperature	oon-ha-phoom	อุณหภูมิ
temple building	bot ("boat")	โบสถ์
temple compound	wat	วัด
temporary	chua-krao	ชั่วคราว
tennis	then-nit	เทนนิส
tennis court	sa-nam then-nit	สนามเทนนิส
tense/strained	kriat	เครียด
term/semester	theuhm	เทอม
termite	pluak	ปลวก
terrible/awful	yae	แย่
test, take a test	sawp	สอบ
tetanus	(rok) bat-tha-yak	โรคบาดทะยัก
Thai (language)	pha-sa Thai	ภาษาไทย
Thai (person)	kon Thai	คนไทย

ENGLISH-THAI DICTIONARY

Thai-type (things)	thai-thai	ไทย ๆ
Thailand	meuang Thai,	เมืองไทย
	pra-thet Thai	ประเทศไทย
that (adj - that one)	(classifier) nan	นั้น
(at a distance)	(classifier) noon	โน้น
that (pn - a thing)	nan	นั้น
(at a distance)	noon	โน่น
that (I think that..)	wa	ว่า
(the shirt that..)	thee, seung	ที่, ซึ่ง
that one	un nan	อันนั้น
that person	kon nan	คนนั้น
then (two actions)	laeo gaw...	แล้วก็
then/at that time	tawn-nan	ตอนนั้น
theory	threet-sa-dee	ทฤษฎี
there/over there	thee-nan	ที่นั้น
(at distance)	thee-noon	ที่โน้น
there is/are	mee	มี
there isn't/aren't	mai mee	ไม่มี
therefore/so	leuy, gaw leuy	เลย, ก็เลย
thick (in width)	na	หนา
thick/concentrated	kon	ข้น
thief	jon, ka-moy	โจร, ขโมย
thin, for objects	bang	บาง
thin, for people	phawm	ผอม
thing/things/objects	kawng	ของ
(formal)	sing-kawng	สิ่งของ
think	kit	คิด

202

ENGLISH-THAI DICTIONARY

think about/miss	kit theung	คิดถึง
think that...	kit wa...	คิดว่า
(about the past)	neuk wa...	นึกว่า
third class/floor	chan sam	ชั้นสาม
third tone marker	mai tree	ไม้ตรี
thirsty	hiu nam	หิวน้ำ
this (adj - this shirt)	(classifier) nee	นี้
this (pn - a thing)	nee	นี่
this afternoon (1-4 PM)	tawn bai nee	ตอนบ่ายนี้
this afternoon/ evening (5-7 PM)	tawn yen nee	ตอนเย็นนี้
this kind (style)	yang-nee, baep nee	อย่างนี้ แบบนี้
this morning	chao nee	เช้านี้
this one	un nee	อันนี้
this person	kon nee	คนนี้
this place	thee-nee	ที่นี่
this way/like this	yang-ngee	ยังงี้
this way/this route	thang nee	ทางนี้
thread	dai	ด้าย
thrifty	pra-yat	ประหยัด
throat/neck	kaw	คอ
through/finished	set laeo	เสร็จแล้ว
throughout/all over	thua	ทั่ว
throw, forcefully	kwang	ขว้าง
throw/toss	yon	โยน

ENGLISH-THAI DICTIONARY

throw away	thing	ทิ้ง
throw up/vomit	uak, a-jian	อ้วก, อาเจียน
thunder	fa rawng	ฟ้าร้อง
Tibet	Thee-bayt	ทิเบต
ticket	tua	ตั๋ว
tickles/it tickles	jak-ga-jee	จั๊กกะจี้
tie (v)	phook, mut	ผูก, มัด
tied (score)	sa-meuh	เสมอ
tiger	seua	เสือ
tiger balm	ya mawng	ยาหม่อง
tight/tightly	sa-nit	สนิท
tight-fitting	kap, fit	คับ, ฟิต
time	way-la	เวลา
time/occasion	krang, thee, hon	ครั้ง, ที, หน
times (multiplying)	thao	เท่า
tire (vehicle)	yang, yang rot	ยาง, ยางรถ
tired (mentally and physically)	neuay	เหนื่อย
tired/sore/stiff	meuay	เมื่อย
tissue/toilet paper	thit-choo	ทิชชู
to (Mon. to Fri.)	...theung...	ถึง
to/in order to	pheua	เพื่อ
tobacco, loose	ya sen	ยาเส้น
today	wan-nee	วันนี้
toe	niu thao	นิ้วเท้า
toenail	lep thao	เล็บเท้า
together (do)	(verb) duay-gan	ด้วยกัน

ENGLISH-THAI DICTIONARY

(at same time)	phrawm gan	พร้อมกัน
(put together)	ruam, ruam gan	รวม, รวมกัน
toilet	hawng nam	ห้องน้ำ
tomorrow	phroong-nee	พรุ่งนี้
ton	tun	ตัน
tone, in speaking Thai	ra-dap siang, siang wan-na-yook	ระดับเสียง, เสียง วรรณยุกต์
tongue	lin	ลิ้น
tonight	keun-nee	คืนนี้
too (in addition)	duay	ด้วย
too (likewise)	meuan-gan	เหมือนกัน
too/excessively	(adj/adv) pai, (adj/adv) geuhn pai	ไป, เกินไป
tool(s)	kreuang meu	เครื่องมือ
tooth/teeth	fun	ฟัน
toothache	puat fun	ปวดฟัน
toothbrush	praeng see fun	แปรงสีฟัน
toothpaste	ya see fun	ยาสีฟัน
toothpick	mai jim fun	ไม้จิ้มฟัน
top/on top/upstairs	kang bon	ข้างบน
torn	kat	ขาด
total/altogether	thang-mot	ทั้งหมด
touch, actively	jap, thook	จับ, ถูก
(come in contact)	don, thook	โดน, ถูก
tough (meat)	nio	เหนียว
tourism	gan thawng-thio	การท่องเที่ยว
tourist	nak thawng thio	นักท่องเที่ยว

ENGLISH-THAI DICTIONARY

toward	taw	ต่อ
towel	pha chet tua	ผ้าเช็ดตัว
town	meuang	เมือง
toy	kawng len	ของเล่น
trade, engage in	ka kai	ค้าขาย
trade/commerce	gan ka	การค้า
trade/swap	laek, plian	แลก, เปลี่ยน
trademark	kreuang mai	เครื่องหมาย
trader, female	mae ka	แม่ค้า
trader, male	phaw ka	พ่อค้า
tradition (culture)	wat-tha-na-tham	วัฒนธรรม
(custom)	pra-phay-nee	ประเพณี
traditional (old-style)	sa-mai gao	สมัยเก่า
(original)	deuhm	เดิม
traditional massage	nuat phaen bo-ran	นวดแผนโบราณ
traditional medicine	ya phaen bo-ran	ยาแผนโบราณ
traffic	ja-ra-jawn	จราจร
traffic circle	wong-wian	วงเวียน
traffic jam	lot tit	รถติด
trail/path	thang deuhn	ทางเดิน
train (railroad)	rot-fai	รถไฟ
train (v)	feuk, op-rom	ฝึก, อบรม
train station	sa-tha-nee rot-fai	สถานีรถไฟ
transfer	on ("own")	โอน
translate	plae	แปล
translator	lam, phoo phlae	ล่าม, ผู้แปล

ENGLISH-THAI DICTIONARY

transplant rice	dam na	ดำนา
transport (send)	kon song	ขนส่ง
transvestite	ga-theuy	กะเทย
trash	ka-ya	ขยะ
travel (v)	deuhn-thang	เดินทาง
travelers check	chek deuhn-thang	เช็คเดินทาง
treat (medical)	rak-sa	รักษา
treat/pay for	liang	เลี้ยง
tree/plant	ton mai	ต้นไม้
tribe	phao	เผ่า
trick/do bad things	glaeng	แกล้ง
troubled (condition)	deuat-rawn	เดือดร้อน
truck	rot ban-thook	รถบรรทุก
truck, ten-wheel	sip-law	สิบล้อ
true	jing	จริง
truly/really	jing-jing	จริงๆ
trust (v)	wai-jai, wang-jai	ไว้ใจ, วางใจ
try (make an effort)	pha-ya-yam	พยายาม
(taste)	chim	ชิม
(test out)	lawng, lawng doo	ลอง, ลองดู
try on	lawng sai	ลองใส่
tube	lawt	หลอด
tuberculosis	wan-na-rok	วัณโรค
turn, a corner	lio	เลี้ยว
turn/revolve	moon	หมุน
turn/twist	bit	บิด
turn down	koi	ค่อย

ENGLISH-THAI DICTIONARY

turn off ("close")	pit	ปิด
turn off lights	pit fai	ปิดไฟ
turn on ("open")	peuht	เปิด
turn on lights	peuht fai	เปิดไฟ
turn up	keun	ขึ้น
turtle	tao	เต่า
twice/two times	sawng krang	สองครั้ง
twins (children)	look faet	ลูกแฝด
type (v)	phim, phim deet	พิมพ์, พิมพ์ดีด
typhoid fever	thai-foi	ไทฟอยด์

U

ugly	na gliat	น่าเกลียด
umbrella	rom	ร่ม
uncle, older brother of mother or father	loong	ลุง
uncle/aunt, younger on father's side	ah	อา
uncle/aunt, younger on mother's side	na	น้า
unconscious	sa-lop, mot sa-tee	สลบ, หมดสติ
under (area)	lang, kang lang	ล่าง, ข้างล่าง
under (objects)	tai	ใต้
understand	kao-jai	เข้าใจ
underwear	gang-gayng nai	กางเกงใน

ENGLISH-THAI DICTIONARY

undress	thawt seua-pha	ถอดเสื้อผ้า
unemployed	wang ngan,	ว่างงาน
	tok ngan	ตกงาน
unexpectedly/by chance	bang-euhn	บังเอิญ
unhappy	sia-jai	เสียใจ
(dissatisfied)	mai phaw-jai	ไม่พอใจ
(downhearted)	gloom-jai	กลุ้มใจ
(feel slighted)	noi-jai	น้อยใจ
(lost something)	sia-dai	เสียดาย
(sad)	sao, sao-jai	เศร้า, เศร้าใจ
(strong suffering)	thook,	ทุกข์
	pen thook	เป็นทุกข์
uniform	choot,	ชุด
	kreuang baep	เครื่องแบบ
United Nations	Sa-ha Pra-cha-chat	สหประชาชาติ
United States	Sa-ha-rat	สหรัฐ
universal (for western music, boxing, suits)	sa-gon	สากล
universe	jak-gra-wan	จักรวาล
university	ma-ha-wit-tha-ya-lai	มหาวิทยาลัย
unless	nawk-jak wa...	นอกจากว่า
unlucky	suay,	ซวย
	chok mai dee	โชคไม่ดี
unmarried	sot	โสด

ENGLISH-THAI DICTIONARY

unripe	mai sook	ไม่สุก
untie/undo	gae	แก้
until	jon theung,	จนถึง
	jon gra-thang	จนกระทั่ง
unusual/abnormal	phit pok-ga-tee	ผิดปรกติ
up/go up	keun	ขึ้น
upset	mai sa-bai jai	ไม่สบายใจ
upstairs/above	kang bon,	ข้างบน
	chan bon	ชั้นบน
urinate (colloq.)	yio	เยี่ยว
(formal)	phat-sa-wa	ปัสสาวะ
use (v)	chai	ใช้
used/second-hand	chai laeo,	ใช้แล้ว
	meu sawng	มือสอง
used to, in the past	keuy (verb)	เคย
used to/accustomed	chin (gap),	ชิน (กับ)
to	koon keuy	คุ้นเคย
used up/all gone	mot	หมด
useful/beneficial	mee pra-yot	มีประโยชน์
usual/as usual	pok-ga-tee	ปรกติ
usually/mostly	suan mak	ส่วนมาก
usually/ordinarily	tham-ma-da	ธรรมดา

V

vacation (school)	phak rian	พักเรียน
vacation (work)	phak rawn	พักร้อน

ENGLISH-THAI DICTIONARY

vaccinate	<u>cheet</u> ya pawng-gan	ฉีดยาป้องกัน
valuable	mee ka	มีค่า
value/worth	ka, ra-ka	ค่า, ราคา
various	<u>tang</u>-tang	ต่าง ๆ
vehicle	rot ("rote")	รถ
verb	ga-ree-ya	กริยา
	gee-ree-ya	กิริยา
very	mak, mak-mak, jang	มาก, มาก ๆ, จัง
veterinarian	sat-ta-wa-phaet	สัตวแพทย์
Vietnam	Wiet Nam	เวียดนาม
view	wiu	วิว
village	<u>moo</u>-ban	หมู่บ้าน
violent	roon-raeng	รุนแรง
violin	saw	ซอ
visa	wee-sa	วีซ่า
visit, a person	pai ha, yiam	ไปหา, เยี่ยม
visit, a place	pai thio	ไปเที่ยว
visit/stop/drop by	wae	แวะ
visit around	thio, pai thio	เที่ยว, ไปเที่ยว
vitamin	wit-ta-min	วิตามิน
vocabulary	kam sap	คำศัพท์
voice	<u>siang</u>	เสียง
volcano	phoo-kao fai	ภูเขาไฟ
volunteer (person)	phoo a-sa-sa-<u>mak</u>	ผู้อาสาสมัคร

211

ENGLISH-THAI DICTIONARY

volunteer (v)	a-sa|,	อาสา
	a-sa|-sà-màk	อาสาสมัคร
vomit (v)	ûak, a-jian	อ้วก, อาเจียน
vowel	sà-rà	สระ

W

wage	kâ jang	ค่าจ้าง
waist	eo ("ay-oh")	เอว
wait/wait for	koi, raw	คอย, รอ
wake up	teun, teun nawn	ตื่น, ตื่นนอน
wake up someone	plòok	ปลุก
walk	deuhn	เดิน
wall (city/garden)	gàm-phaeng	กำแพง
wall (interior)	fa|	ฝา
want	ào	เอา
want/would like (to)	tawng-gan	ต้องการ
want to	yàk (verb)	อยาก
want to get	yàk daî	อยากได้
war	song|-kram	สงคราม
warehouse	gò-dàng	โกดัง
warm (adj/v)	òon	อุ่น
(feeling)	òp-òon	อบอุ่น
warn/remind	teuan	เตือน
wash	lang	ล้าง
wash clothes	sàk sêua-phâ	ซักเสื้อผ้า
wash dishes	lang jan	ล้างจาน

ENGLISH-THAI DICTIONARY

wash your face	lang na	ล้างหน้า
wash your hair	sa phom	สระผม
washing machine	kreuang sak pha	เครื่องซักผ้า
wasp	taw	ต่อ
waste (v)	sia	เสีย
wastebasket	thang ka-ya	ถังขยะ
watch/clock	na-lee-ga	นาฬิกา
watch/guard (v)	fao	เฝ้า
watch children	doo-lae look	ดูแลลูก

(*look* refers to your own children)

watch TV	doo tho-ra-thát	ดูโทรทัศน์
watchman/guard	yam	ยาม
water	nam	น้ำ
water, drinking	nam gin,	น้ำกิน
	nam deum	น้ำดื่ม
water, plain drinking	nam plao	น้ำเปล่า
water, municipal	nam pra-pa	น้ำประปา
water buffalo	kwai	ควาย
water is polluted	nam sia	น้ำเสีย
water jar	toom	ตุ่ม
waterfall	nam-tok	น้ำตก
wave (n)	kleun	คลื่น
way/method/means	wi-thee, wi-thee gan	วิธี, วิธีการ
way/route	thang	ทาง
weak (feeling)	awn ae	อ่อนแอ
weak/not strong	mai mee raeng	ไม่มีแรง
weapon(s)	a-woot	อาวุธ

213

ENGLISH-THAI DICTIONARY

wear/put on	sai	ใส่
weather/climate	a-gat	อากาศ
wedding	ngan taeng-ngan	งานแต่งงาน
week	a-thit	อาทิตย์
(formal)	sap-da	สัปดาห์
weekday	wan tham-ma-da	วันธรรมดา
weekend	sao a-thit	เสาร์อาทิตย์
(formal)	plai sap-da,	ปลายสัปดาห์
	soot sap-da	สุดสัปดาห์
weigh	chang	ชั่ง
weight	nam-nak	น้ำหนัก
welcome	tawn rap	ต้อนรับ
well (for water)	baw	บ่อ
well/expertly	geng	เก่ง
well/fine	sa-bai,	สบาย
	sa-bai dee	สบายดี
well/in a good way	dee, yang dee	ดี, อย่างดี
well-mannered	riap-roi	เรียบร้อย
	nee-sai dee	นิสัยดี
west/western	ta-wan tok	ตะวันตก
wet	piak	เปียก
whale	pla wan	ปลาวาฬ
what?	a-rai	อะไร
wheat	kao sa-lee	ข้าวสาลี
wheel	law	ล้อ
when?	meua-rai	เมื่อไหร่
when (when I was..)	tawn, meua	ตอน, เมื่อ

214

ENGLISH-THAI DICTIONARY

where?	thee-nai, nai	ที่ไหน, ไหน
while/during	ka-na (thee)..., ra-wang (thee)...	ขณะ(ที่), ระหว่าง(ที่)
whisper	gra-sip	กระซิบ
whistle (v)	phiu pak	ผิวปาก
white	see kao	สีขาว
who?	krai	ใคร
who (people who...)	thee	ที่
wholesale, sell at	kai song	ขายส่ง
why?	tham-mai	ทำไม
wide/spacious	gwang	กว้าง
widow	mae mai	แม่หม้าย
wife	faen, mia, phan-ra-ya	แฟน, เมีย, ภรรยา
wild animal	sat pa	สัตว์ป่า
will/would	ja (verb)	จะ
will-power/spirit	gam-lang jai	กำลังใจ
win/beat	cha-na	ชนะ
wind (n)	lom	ลม
window	na-tang	หน้าต่าง
wipe	chet	เช็ด
wire	luat	ลวด
wire, electrical	sai fai	สายไฟ
wish (v)	prat-tha-na	ปรารถนา
with	gap	กับ
withdraw (money)	beuhk, thawn	เบิก, ถอน
wither/withered	haeo	เหี่ยว

215

ENGLISH-THAI DICTIONARY

without/don't put	mai sai...	ไม่ใส่
without/not having	mai mee...	ไม่มี
wok/frying pan	gra-tha	กระทะ
woman	phoo-ying	ผู้หญิง
woman, young	sao	สาว
wonder if...	song-sai wa...	สงสัยว่า
wonderful	jaeo, yiam	แจ๋ว, เยี่ยม
wood	mai	ไม้
word	kam	คำ
work (v)	tham-ngan	ทำงาน
work/job	ngan	งาน
world	lok ("loke")	โลก
World Cup Football	foot-bawn lok	ฟุตบอลโลก
worms, intestinal	pha-yat	พยาธิ
worry/be concerned	huang,	ห่วง
	pen huang	เป็นห่วง
worship/venerate	boo-cha	บูชา
(show respect)	wai	ไหว้
worth it/worthwhile	koom, koom ka	คุ้ม, คุ้มค่า
would be better	...dee gwa	ดีกว่า
would like (to)	tawng-gan	ต้องการ
wound (n)	phlae	แผล
wrap (a package)	haw	ห่อ
wrench (tool)	goon-jae	กุญแจ
wrist	kaw meu	ข้อมือ
write	kian	เขียน
wrong/wrongly	phit, mai thook	ผิด, ไม่ถูก

216

ENGLISH-THAI DICTIONARY

X

xylophone	rá-nat́	ระนาด

Y

yard (grass)	sá-nam̹ yá	สนามหญ้า
yawn	hao̹	หาว
year	pee	ปี
yellow	see̹ leuang̹	สีเหลือง
yes (polite)	ká/kruṕ	ค่ะ/ครับ
yes/that's right	chai	ใช่
yesterday	meua-wan-nee	เมื่อวานนี้
yet/still	yang	ยัง
you	koon	คุณ
young/unripe/soft gentle/mild/supple	awn	อ่อน
young (man)	noom	หนุ่ม
young (woman)	sao̹	สาว
yourself	koon ayng	คุณเอง

Z

zebra	ma lai	ม้าลาย
zero	soon̹	ศูนย์
zipper	sip	ซิป
zone	kayt	เขต
zoo	suan̹ sat́	สวนสัตว์